Lacan,
o grande freudiano

PSICANÁLISE PASSO-A-PASSO
Direção: Marco Antonio Coutinho Jorge

Ver lista de títulos no final do volume

Marco Antonio Coutinho Jorge
Nadiá Paulo Ferreira

Lacan,
o grande freudiano

5ª reimpressão

ZAHAR

Copyright © 2005 by Marco Antonio Coutinho Jorge e Nadiá Paulo Ferreira

Capa
Sérgio Campante

Composição
TopTextos Edições Gráficas

Impressão em ofsete
Paym Gráfica e Editora

Papel
Alta Alvura, Suzano S.A.

CIP-Brasil. Catalogação na fonte
Sindicato Nacional dos Editores de Livros, RJ

J71L
Jorge, Marco Antonio Coutinho, 1952-
Lacan, o grande freudiano / Marco Antonio Coutinho Jorge, Nadiá Paulo Ferreira. – 1ª ed. – Rio de Janeiro: Zahar, 2005.

(Passo-a-passo; 56)

Inclui bibliografia
ISBN 978-85-7110-854-7

1. Lacan, Jacques, 1901-1981. 2. Freud, Sigmund, 1856-1939. 3. Psicanálise. I. Ferreira, Nadiá Paulo, 1946-. II. Título. III. Série.

CDD: 150.195
CDU: 159.964.2

11-2562

[2022]
Todos os direitos desta edição reservados à
EDITORA SCHWARCZ S.A.
Praça Floriano, 19, sala 3001 – Cinelândia
20031-050 – Rio de Janeiro – RJ
Telefone: (21) 3993-7510
www.companhiadasletras.com.br
www.blogdacompanhia.com.br
facebook.com/editorazahar
instagram.com/editorazahar
twitter.com/editorazahar

A marca FSC® é a garantia de que a madeira utilizada na fabricação do papel deste livro provém de florestas que foram gerenciadas de maneira ambientalmente correta, socialmente justa e economicamente viável, além de outras fontes de origem controlada.

Sumário

Introdução	9
Arte e ciência na psicanálise	10
"Um pouco" de história	14
A retomada dos fundamentos	22
R.S.I.: "O nó borromeano me caiu como um anel no dedo"	29
O imaginário: "Eu é um outro"	37
O simbólico: "O inconsciente é estruturado como uma linguagem"	44
O Nome-do-Pai	51
O real: "A relação sexual é impossível"	55
"É de meus analisandos que aprendo o que é a psicanálise"	57
"A resistência é sempre do analista"	64
"A interpretação já vem pronta do Outro"	67
"Estou no trabalho do inconsciente"	72

Cronologia	75
Referências e fontes	79
Leituras recomendadas	81
Sobre os autores	84

Freud não foi somente o sujeito suposto saber. Ele sabia, e nos deu esse saber em termos que se podem dizer indestrutíveis, uma vez que, depois que foram emitidos, suportam uma interrogação que, até o presente, jamais foi esgotada.

Jacques Lacan

Introdução

Quando Jacques-Marie Émile Lacan nasceu, em 13 de abril de 1901, a psicanálise fincava sua bandeira no mundo. Sigmund Freud, então aos quarenta e cinco anos de idade, já havia publicado *A interpretação dos sonhos*, obra que ele considera a estrada real que leva ao inconsciente. Apesar de ter sido finalizada em 1899, Freud solicitou ao editor Franz Deutike que a publicasse com a data de 1900 em seu frontispício, porque ele queria que a nova era fosse marcada por um texto que, segundo suas próprias palavras em *A história do movimento psicanalítico*, inaugura "a fonte de conhecimento do inconsciente".

Lacan irá desempenhar um papel fundamental na história do século de Freud, embora jamais tenha ocorrido um encontro pessoal entre eles. O verdadeiro encontro entre Lacan e Freud se deu pela via do discurso e foi tão profundo que alterou de modo radical a história da psicanálise: hoje, o nome de Lacan se associa ao de Freud.

Queremos delinear, antes de tudo, um amplo panorama desse vínculo discursivo. Mantemos como bússola a afirmação feita por Lacan em seu último seminário, realizado curiosamente em um lugar excêntrico ao habitual — Caracas — a 12 de julho de 1980. Tendo afirmado, antes de partir de Paris, que queria ver o que se passava com aqueles que tinham acesso a seu ensino apenas pelo texto, quando chega a Caracas, exclama: "Cabe a vocês serem lacanianos; quanto a mim, sou freudiano."

A vitalidade e a força com que Lacan sacode o movimento psicanalítico, produzindo um verdadeiro *turbilhão* em torno dele — turbilhão aliás com que contava —, levam ao revigoramento da psicanálise. Não à-toa, Lacan insiste que visa à reconquista do campo freudiano.

Queremos também transmitir a dimensão e o alcance monumentais do trabalho efetuado por Lacan, que ele mesmo denomina de "retorno a Freud". Projeto inclusive que deve ser retomado por cada psicanalista em seus estudos e em sua clínica. Se há Freud sem Lacan, esta é uma pergunta que pode ser respondida de diferentes modos. Mas se há Lacan sem Freud, trata-se de uma pergunta que só pode ser respondida de um único modo: não. Lacan se inscreveu na história da psicanálise como o grande freudiano.

Arte e ciência na psicanálise

Lacan conjuga em seu ensino duas vertentes aparentemente opostas, mas que se complementam: a arte e a ciência, ou — poderíamos dizer com ele — a poesia e o matema.

Seus textos e seminários são escritos e falas que sabem lidar com as palavras, explorando todos os seus elementos

Lacan, o grande freudiano

11

constitutivos: os fonemas (materialidade sonora), a letra (recurso da escrita) e a multiplicidade de sentidos (semântica). Ele adora recorrer à referência etimológica: andava sempre com um exemplar do clássico dicionário etimológico da língua francesa *Bloch et von Wartburg* embaixo do braço, vivia exortando os analistas a fazerem o mesmo e ainda os aconselhava a fazer palavras cruzadas. Seu discurso esgarça os limites da sintaxe, explorando os registros lingüísticos da escrita e da fala para produzir equívocos. Como Freud, aliás, ele insiste em que o analista deve ser letrado e deve saber usar os recursos de estilo. Dentre eles destacam-se, tanto em sua escrita quanto em sua fala, a ironia, a antítese, o jogo de palavras, a criação de homofonias e o rebuscamento. Enfim, seu estilo é barroco, assim como o de Freud é clássico. Curiosamente, os charutos de ambos são emblemas desses estilos: o de Freud tão grande e alinhado e o de Lacan todo entortado! De fato, Lacan considera que seus escritos não se destinam a uma simples leitura, mas, como as formações do inconsciente, devem ser decifrados.

Em 1930, Freud recebe da cidade de Frankfurt o cobiçado Prêmio Goethe de Literatura pelo conjunto de sua obra. Seu brevíssimo artigo de 1916, intitulado "Sobre a transitoriedade", é unanimemente considerado um ensaio poético. E os textos de Lacan são atualmente cada vez mais estudados nos departamentos de literatura das universidades.

É preciso chamar atenção para o fato de que a literatura exerce um papel preponderante na constituição da psicanálise, na medida em que atravessa toda a obra de Freud: de

Sófocles a Shakespeare, que ele denomina de "o grande psicólogo". Freud aprende com os romancistas e os poetas, retirando deles contínuos ensinamentos. Ele dizia inclusive que não havia nada que conseguisse formular cientificamente que já não houvesse sido abordado pelos escritores. Em *Sobre o ensino da psicanálise nas universidades*, ele abre um espaço significativo para a literatura, propondo uma ligação mais estreita, "no sentido de uma *universitas literarum*", entre a ciência e as artes.

Lacan toma a proposta freudiana ao pé da letra. Ele não só sublinha freqüentemente a percepção freudiana sobre a produção de um saber na criação literária, mas também afirma que os poetas sempre dizem as coisas na frente dos outros. Com Lacan, os psicanalistas passam a ser exigidos a se reincluir no mundo do saber, do qual haviam se afastado a partir do momento em que os pós-freudianos reduziram a psicanálise a uma técnica de adaptação ligada à medicina.

A erudição de Lacan, assim como a de Freud, é impressionante. Sem dúvida, essa erudição é efeito de um desejo de saber sobre as questões cruciais do homem. A contribuição de Lacan é efetiva na medida em que articula o saber psicanalítico com as disciplinas contemporâneas a que Freud não tivera acesso, como a lingüística e a antropologia estrutural. Além disso, sua paixão pela filosofia e seu interesse pela matemática e pela lógica o levam a produzir constantemente uma articulação desses campos do saber com a psicanálise.

Seguindo os passos de Freud, Lacan também almeja conquistar o status de ciência para a psicanálise. Mas essa busca de cientificidade não é incompatível com a arte do bem dizer. A frase de Buffon "O estilo é o homem" inicia o texto de Abertura dos *Escritos*, onde duas questões são privilegiadas: "o estilo que seu endereçamento impõe" e a convocação do leitor para dar "algo de si".

Em relação à cientificidade da psicanálise, a contribuição mais importante de Lacan é a construção gradual de *matemas*. Para isso, ele recorre às fórmulas matemáticas, já que estas são a via pela qual as ciências operam sobre o real. Como é possível mandar um homem para a Lua? Através de fórmulas matemáticas que conseguem recortar um pedaço do real e arrancar dele as leis que ali vigoram. Nesse sentido, toda ciência é uma tentativa de simbolizar o real, ou melhor, como dizia Lacan, uma pontinha dele.

Lacan chega aos matemas aos poucos. Inicialmente estabelece algumas letras, denominadas por ele de *álgebra* lacaniana: S_1, S_2, $\not{S}$, *a*. Depois, vai articulando essas letras entre si e compondo pequenas fórmulas, como a da fantasia ($\not{S} \lozenge a$), do sintoma (Σ), dos quatro discursos etc. Em 1976, quando vai ministrar conferências nos EUA, os psicanalistas norte-americanos perguntam se quer matematizar tudo e ele responde que não, que apenas pretende "começar a isolar na psicanálise um mínimo passível de ser matematizado", isto é, quer introduzir algumas fórmulas que funcionem como balizas minimamente seguras para o trabalho dos psicanalistas e para a troca teórica entre eles. Além disso, os matemas são fórmulas que asseguram a transmissão de conceitos centrais da psicanálise, ainda que permitam uma pluralidade de leituras.

"Um pouco" de história

Em 23 de junho de 1900, Émilie Philippine Marie Baudry se casa com Charles Marie Alfred Lacan, da família Dessaux, proprietária de uma próspera empresa vinagreira de Orléans. O casal tem mais três filhos depois de Jacques-Marie Lacan: Raymond, que morreu com dois anos de idade de hepatite; outros dois nascidos em dias de Natal, Madeleine e Marc-Marie (este ingressa na abadia de Hautecombe, sede da ordem beneditina, onde se ordena monge, substituindo o nome Marie por François, em homenagem a São Francisco de Assis).

Já em suas primeiras publicações, Lacan retira o prenome Marie. Desde jovem lê muito e se interessa por colecionar objetos. Na década de 1920, torna-se freqüentador assíduo do famoso café d'Harcourt, ponto de encontro de intelectuais e artistas parisienses ligados ao surrealismo. A partir de 1929, Alexandre Koyré inicia um ensino sobre filosofia que será freqüentado por Corbin, Bataille, Kojève e Queneau. Em 1931, Corbin e Koyré criam a revista *Recherches philosophiques*. A partir de 1933, Lacan entra em contato com esse grupo de filósofos e passa a freqüentar o seminário de Alexandre Kojève sobre Hegel.

Antes de iniciar seu percurso como psicanalista, forma-se em medicina, passando da neurologia à psiquiatria. No período de 1928-29, é aluno de Gatian de Clérambault, a quem presta uma homenagem em sua tese de doutorado e sobre o qual dirá mais tarde que é seu único mestre em psiquiatria. Célebre por suas descrições clínicas singulares, ao mesmo tempo telegráficas e literárias, fruto de uma observação constante dos pacientes, Clérambault introduz duas características que marcam a psicose: a *síndrome do automatismo mental* e o *postulado passional*. Colette Soler observa que Lacan, retomando os ensinamentos de seu mestre em psiquiatria, afirma que essas duas características constituem os traços elementares da psicose como estrutura, que especificam o vínculo do sujeito psicótico com o Outro. A síndrome do automatismo mental se caracteriza por distúrbios psíquicos e sensoriais que se impõem à mente de modo abrupto e automático. A noção de postulado passional — "ele ou ela me ama" — introduz uma concepção lógica de erotomania, rompendo com a terminologia psicológica da crença psicótica.

Em 1931, dois acontecimentos merecem destaque: os encontros com Salvador Dalí e Marguerite Pantaine. Salvador Dalí acaba de publicar um texto, *O asno podre*, em que defende a noção de *paranóia-crítica*: uma alucinação que é, ao mesmo tempo, interpretação delirante e crítica da realidade. Na pintura, o pintor catalão — que foi considerado por Freud o único surrealista digno de importância, com "os seus ingênuos olhos de fanático e sua inegável mestria técnica" — dá como exemplo desse processo paranóico a construção de imagens duplas, como em seu estudo para *Banlieue de la ville paranoïaque-critique*, de 1935: a estátua de um cavalo é, ao mesmo tempo, um crânio, a figura de Gala e um cacho de uvas!

É Lacan quem pede para se encontrar com Dalí, que o recebe em seu quarto de hotel com um esparadrapo colado na ponta do nariz. Lacan não faz nenhum comentário a esse comportamento excêntrico do pintor. Nesse primeiro encontro, é Dalí quem fala sobre a paranóia com o médico psiquiatra. Lacan, nos *Escritos*, cita alguns dos escritores surrealistas com que conviveu: Bréton, Crevel, Leiris, Queneau, Prévert etc. Ao redigir sua tese sobre a paranóia, é leitor da revista *Le surréalisme au service de la révolution*, na qual, desde 1930, são estudados os elos da paranóia com a criação poética. Convidado a colaborar no primeiro número da revista *Minotaure*, seu artigo "O problema do estilo e a concepção psiquiátrica das formas paranóicas da experiência" aparece logo depois da "Interpretação paranóico-crítica do 'Angelus' de Millet", de Dalí.

Em dezembro de 1955, Lacan está presente na famosa conferência pronunciada por Dalí na Sorbonne sobre os *Aspectos fenomenológicos do método paranóico-crítico*. Alguns dias depois, em seu seminário, ele se refere às "palavras recentes que ouvimos de um de meus antigos amigos da Sorbonne, que nos contou, no sábado passado, coisas espantosas, ou seja, a metamorfose da rendeira em chifres de rinoceronte, e finalmente em couves-flores". Muitos anos depois, em dezembro de 1975, os dois homens se encontram casualmente em um hotel em Nova York e se abraçam.

A repercussão dos textos e seminários de Lacan nos surrealistas é retumbante. Após a leitura de *Da psicose paranóica em suas relações com a personalidade*, Dalí elabora seu *método paranóico-crítico*, exposto em dois artigos: "A conquista do irracional" e "Novas considerações gerais sobre o mecanismo do fenômeno paranóico do ponto de vista surrealista". No segundo artigo Dalí refere-se à "admirável tese de Jacques Lacan à qual devemos, pela primeira vez, ter feito uma idéia homogênea e total do fenômeno, fora das misérias mecanicistas nas quais a psiquiatria corrente se atola". Os textos dalinianos destacam as formulações de Lacan sobre a psicose: "no delírio, o inconsciente se exprime diretamente no consciente"; "ao contrário dos sonhos, que devem ser interpretados, o delírio é por si mesmo uma atividade interpretativa do inconsciente".

O tratamento de Marguerite Anzieu, cujo sobrenome de solteira é Pantaine, fica conhecido como o famoso Caso Aimée, que deu origem à tese de Lacan, defendida em 1932, na Faculdade de Medicina de Paris, com o título *Da psicose paranóica em suas relações com a personalidade*. Muitos anos mais tarde, Didier Anzieu, que tinha acabado o curso de filosofia e preparava uma tese sob a orientação de Daniel Lagache, resolve se tornar analista e inicia sua análise com Lacan. No decorrer dessa análise, ele irá descobrir que Aimée é Marguerite Anzieu, sua mãe.

Em 1933, retomando a questão do delírio paranóico, Lacan publica na revista *Minotaure* um artigo sobre o horrível crime das irmãs Lea e Christine Papin, duas jovens empregadas que, subitamente e sem qualquer explicação aparente, chacinam mãe e filha, suas patroas. Esse crime, ocorrido na cidade de Le Mans, abalou a França e mobilizou maciçamente a intelectualidade. Naquele momento, a voz de Lacan é a única a se erguer, no meio da enorme quantidade de pronunciamentos, para dizer que se trata de um caso de *folie à deux* (loucura a dois), portanto de um crime paranóico. Alguns anos depois, as questões desse artigo são retomadas para a elaboração do estádio do espelho.

Em 1932, Lacan começa a fazer análise com o analista didata Rudolph Loewenstein, judeu emigrante e amigo íntimo da princesa Marie Bonaparte. Dois anos depois, entra para a Sociedade Psicanalítica de Paris (SPP), reconhecida pela International Psychoanalitical Association (IPA) e constituída pela primeira geração do freudismo, iniciando sua longa jornada na psicanálise, trilhada por cisões e deslocamentos dos seus seminários.

Durante os anos 40, Lacan não publica nada, mantendo um silêncio que ecoa a época mortífera da Segunda Guerra Mundial e engendra lentamente uma revolução por vir. A partir da década de 1950, ele empreende, passo a passo, uma "reconquista do campo freudiano", já que estava ciente do que tinha sido feito pela IPA com a obra do mestre vienense.

Em 1950, aos quarenta e nove anos, inicia seus seminários, visando um retorno aos textos freudianos. Essa atividade de ensino, que produziu vinte e sete seminários, poderia ser dividida fundamentalmente em duas etapas. Num primeiro momento, o projeto é a leitura dos textos freudianos, assim como o recurso às ciências de ponta de sua época, a antropologia estrutural de Lévi-Strauss e a lingüística de Saussure. De 1950 a 1952, paralelamente às atividades que Lacan exercia na SPP, são realizados seminários em sua casa, todas as quartas-feiras. A proposta é a leitura de dois casos clínicos freudianos, o Homem dos Ratos e o Homem dos Lobos. A cada seminário, o discípulo avança nos rastros do mestre, elaborando e desenvolvendo novos conceitos. Num segundo momento, recorre à matemática, à lógica e à topologia, aprimorando o conceito de real e suas articulações com o simbólico e o imaginário.

As divergências, em função de uma ortodoxia, geram tensões que vão se acumulando na SPP. De um lado, temos Sacha Nacht, que exercia o cargo de presidente; de outro, temos uma série de psicanalistas descontentes, desejando a mudança dos estatutos. E como se não bastasse, os alunos, psicanalistas em formação, resolvem também se revoltar contra a administração de Nacht.

Em junho de 1953, depois de muitas reuniões e dissensões, Lagache, Dolto, Favez-Boutonier, Reverchon-Jouve e Lacan se demitem da SPP. Nesse mesmo ano, Lagache funda a Sociedade Francesa de Psicanálise (SFP) com os dissidentes, acompanhados pela maioria dos psicanalistas em formação, que são seus analisandos. Logo depois da criação dessa instituição, Lacan aceita o convite de Jean Delay para dar seus seminários no anfiteatro do Hospital Sainte-Anne.

Em 1960, começam novos dissídios entre dois membros ilustres da SFP: Jean Laplanche e Lacan. Jean-Bertrand Pontalis toma partido do amigo Laplanche e Serge Leclaire tenta conciliar os conflitos, evitando assim uma nova cisão. Enquanto isso, continua a luta nos bastidores para o reconhecimento da SFP pela IPA. Os boatos das sessões curtas de Lacan se espalham, gerando uma celeuma internacional no âmbito analítico. De novo, Leclaire entra em cena para tentar negociar.

Em agosto de 1961, na cidade de Edimburgo, realiza-se mais um congresso da IPA. A batalha da SFP pela filiação a IPA continua até 1963. Em outubro desse ano, o Executivo da IPA estabelece as seguintes condições para a referida filiação: Lacan não pode exercer a função de analista didata, é preciso que essa proibição seja assinada pela Comissão de Estudos da SFP.

Em novembro de 1963, depois da referida proposta ser colocada em votação, fica decidido que Lacan pode permanecer nos quadros dessa instituição, mas está proibido de exercer a função de didata, ou seja, está excluído do processo de formação de analistas. Leclaire, Perrier e Dolto se demitem da diretoria imediatamente após o resultado da votação. Louis Althusser oferece a sala Daussane na Escola Normal Superior para a realização dos seminários e Lacan aceita. Althusser escreve nessa época um belíssimo texto sobre Lacan, que o torna conhecido dos estudantes da Escola. Em janeiro de 1964, Lacan começa nessa sala o seu décimo primeiro seminário, que tem como tema *Os quatro conceitos fundamentais da psicanálise*. Na aula inaugural estão presentes Henry Ey e Claude Lévi-Strauss. Ao longo desse seminário, um jovem que coloca questões chama atenção de Lacan: Jacques-Alain Miller, que se casará com Judith, sua filha com Sylvia Bataille, e se tornará o herdeiro dos direitos de transcrição e de publicação dos seus seminários.

No verão de 1964, com o não-reconhecimento da SFP pela IPA, as discórdias entre Lacan e Lagache se acirram, provocando mais uma cisão: a criação da Escola Freudiana de Paris (EFP) por Lacan e da Associação Psicanalítica da França (APF) por Lagache, Laplanche, Pontalis e outros.

Em 1967, Lacan cria um novo dispositivo em sua Escola — o passe —, visando o reconhecimento e a nomeação do psicanalista pela Escola. As divergências em torno desse novo dispositivo desencadeiam uma nova cisão no panorama institucional psicanalítico: Piera Aulagnier, François Perrier e Jean-Paul Valabrega rompem com Lacan e fundam, em 1969, a Organização Psicanalítica de Língua Francesa, que ficou conhecida como o Quarto Grupo.

A disseminação do germe da discórdia se agrava com a velhice e os problemas de saúde de Lacan, acirrando a luta pela sucessão do mestre. Em 1974, ele delega a Jacques-Alain Miller a coordenação do ensino do "Campo Freudiano" no departamento de psicanálise, fundado por Serge Leclaire, na Universidade de Paris VIII. A partir desse ano, temos dois grupos que se digladiam: de um lado Miller, seu genro, e de outro, os antigos psicanalistas que acompanhavam Lacan desde os tempos da SPP. Em 5 de janeiro de 1980, Lacan realiza o último ato de sua vida: a dissolução de sua escola, acreditando que ela não mais preenchia a função para a qual havia sido criada. Do nascimento (21 de junho de 1964) à dissolução (5 de janeiro de 1980), a Escola Freudiana de Paris se liga à trajetória de um homem e de seu lugar na história da psicanálise.

Em 12 de agosto de 1981, Lacan é internado na Clínica Hartmann de Neuily e é submetido a uma operação para retirar um tumor maligno. Alguns dias depois da operação, uma peritonite desencadeia um processo infeccioso generalizado, provocando dores insuportáveis. No dia 9 de setembro, uma quarta-feira, o médico, com a concordância dos familiares, aplica uma dose letal de morfina.

A morte em conseqüência de um câncer e a morfina como solução para terminar o sofrimento são os acontecimentos que marcam o fim da existência de Freud e Lacan. É bem verdade que Freud já tinha acordado com seu médico Max Schur que, quando o sofrimento estivesse insuportável, teria chegado a hora de partir. Elisabeth Roudinesco, em sua biografia de Lacan, conta que, na hora em que o médico aplica a dose de morfina, Lacan lança-lhe um olhar fulminante e diz: "Sou obstinado. Eu desapareço."

A retomada dos fundamentos

Em 1932, Jacques Lacan escreve sua tese de psiquiatria *Da psicose paranóica* e envia um exemplar para Freud, de quem recebe um cartão de agradecimento, rasurado no endereço do destinatário, no qual está escrito: "Grato pelo envio de sua tese." Freud já está muito idoso e doente desde o verão de 1923, quando seu câncer de mandíbula é diagnosticado. Esse cartão rasurado significaria apenas que ele não deixa jamais de cumprir, mesmo que às vezes com muita dificuldade, seu ritual de responder, ao final de cada dia de trabalho, a todas as correspondências que recebia do mundo inteiro?

Alguns anos depois, em 5 de junho de 1938, Freud, muito abatido (como podemos depreender em fotos da época), passa por Paris em direção ao exílio em Londres. A princesa Marie Bonaparte, sobrinha-bisneta do imperador, casada com o príncipe Georges da Grécia, e discípula de Freud a partir de 1925, o recebe por doze horas, num dia ensolarado, em sua casa na rue Adolphe Yvon. Mas Lacan não é convidado pela princesa, sua futura arqui-rival, que já nessa época é uma grande opositora de suas idéias.

De todo modo, podemos fantasiar que talvez Lacan não quisesse se encontrar com um Freud tão debilitado no final de sua vida, que talvez não mais estivesse ali... Afinal, não é isso que o próprio Freud diz à sua governanta, Paula Fichtl, pouco depois de ter chegado a Londres, na mansão de Maresfield Gardens, ao ver todas as coisas de seu escritório arrumadas com a perfeição de que só ela era capaz — "Tudo está aí outra vez, menos eu"?

O que pretendia Lacan ao enviar sua tese a Freud, uma vez que não se tratava de um ensaio psicanalítico e sim psiquiátrico? Jamais saberemos, assim como também jamais poderemos saber se Freud leu esse texto, que é considerado por alguns como a última grande tese da psiquiatria. Sua metodologia é, entretanto, psicanalítica. Pois, ao invés de abordar a psicose paranóica através do exame de diversos casos clínicos, opta por investigar e explorar *um* único caso, em sua máxima complexidade, tal como Freud, em 1911, quando escreve o Caso Schreber. Este é o procedimento da clínica psicanalítica: a singularidade do caso. Freud certa vez resume o método da psicanálise, dizendo: "Preocupo-me com o fato isolado e espero que dele jorre, por si mesmo, o universal." Lacan reafirma esse método: "Nossa ciência só se transmite ao articular oportunamente o particular."

Lacan leva essa metodologia extremamente a sério. Aqui, essa palavra não é empregada como sinônimo de sisudo ou de carrancudo: levar algo a sério significa *fazer série*, tirar o máximo de conseqüências e insistir em uma direção.

Toda ênfase posterior de Lacan nas estruturas clínicas — tripartidas em neurose, perversão e psicose — é calcada na distinção entre *fenômeno* e *estrutura*. A estrutura está mais-além do fenômeno. Este inclusive pode ter uma aparência enganadora e corresponder a estruturas diversas. Freud, desde cedo, oferece todos os indícios de que na clínica se trata de uma tripartição estrutural. Para isso, basta que se leia o primeiro parágrafo do artigo "Fantasias histéricas e sua relação com a bissexualidade", onde ele relaciona a neurose à fantasia, a psicose ao delírio e a perversão ao gozo. Mas sem dúvida é Lacan quem insiste nessa via, visando evitar o engodo inerente à abordagem puramente fenomenológica.

O conceito lingüístico de estrutura o leva a uma leitura dos casos clínicos de Freud, fazendo com que identifique neles alguns mecanismos psíquicos específicos: o recalque *(Verdrängung)* na neurose, a renegação ou desmentido *(Verleugnung)* na perversão e a foraclusão *(Verwerfung)* na psicose. Tudo isso é produto de longos anos de seminário e vamos voltar a esse assunto no capítulo dedicado ao simbólico.

Nos dez primeiros anos de seminário, Lacan realiza essencialmente um trabalho de releitura dos textos de Freud, que é feita no original, apesar de não falar alemão. A partir de julho de 1953, quando realiza a conferência intitulada *O simbólico, o imaginário e o real* na SFP, ele começa a fabricar os conceitos que serão os instrumentos com os quais irá dissecar a obra freudiana de modo inteiramente original.

A partir dessa conferência de 1953 — que é sucedida pela apresentação, em setembro do mesmo ano, de "Função e campo da palavra e da linguagem na psicanálise", no congresso de Roma — muita coisa aconteceu. Mas 1964 será um marco do processo de elaboração do seu ensino e dos destinos políticos da psicanálise.

O ano de 1964 é a data do *Seminário 11: Os quatro conceitos fundamentais da psicanálise*. Esse seminário sem dúvida ocupa um lugar privilegiado em sua trajetória, talvez por isso foi o primeiro a ser editado, em 1973, por Jacques-Alain Miller, responsável pelo estabelecimento final dos textos dos seminários, primeiramente estenografados e posteriormente gravados. O lançamento desse seminário é festejado na Europa: durante alguns dias, certas livrarias cobrem suas vitrines com esse livro. É também o primeiro seminário em que Lacan não trabalha exclusivamente com os textos de Freud. Nesse sentido, ele é, ao mesmo tempo, a retomada de dez anos de ensino e a abertura de uma nova fase.

Detenhamo-nos nesse ano de 1964. Lacan se refere, ironicamente, à proibição de participar das atividades de formação dos analistas pela IPA como *excomunhão*. A alegação da IPA é de que sua prática de sessões de duração variável é incompatível com a psicanálise freudiana. Na verdade, a intervenção de Lacan no campo psicanalítico foi tão poderosa que ele arrancou a psicanálise das mãos da IPA e a tomou para si. O legitimismo que queria fazer da psicanálise uma propriedade da IPA, instituição fundada por Freud, caiu por terra. Para Lacan, a psicanálise é um discurso e, portanto, não diz respeito a títulos de propriedades.

Por tudo isso, no resumo do *Seminário 11*, redigido em meados de 1965 para a École Pratique des Hautes Etudes e publicado na contracapa da edição francesa, Lacan pontifica com arrogância que esse seminário visa nada menos do que a "restauração do real no campo legado por Freud a nossos cuidados". Vê-se que seus objetivos não poderiam ser mais ambiciosos e que seu lugar neles não poderia ser mais essencial! Lacan não só fala do seu "projeto radical", mas também das questões subjacentes a esse projeto, que tratam da relação entre psicanálise e ciência: a psicanálise é uma ciência? O que é uma ciência que inclui a psicanálise?

Depois de ter sido considerado anátema pela IPA — ironicamente chamada por ele de SAMCDA (Sociedade de Auxílio Mútuo contra o Discurso Analítico) —, de ter mudado o tema de seu seminário — de *Os Nomes-do-Pai* para *Os quatro conceitos fundamentais da psicanálise* — e de ter percebido que a IPA não é mais uma instituição freudiana, ele funda sua instituição e a batiza de Escola Freudiana de Paris. Não é por acaso que, na segunda lição do *Seminário 11*, referindo-se ao que estava em jogo na sua excomunhão, fala de *recusa do conceito* e introduz os *quatro conceitos freudianos fundamentais*: inconsciente, repetição, transferência e pulsão.

O *inconsciente* é um conceito esquecido pelos pós-freudianos, pois eles acham que a segunda tópica de Freud (Isso, Eu e Supereu) substitui a primeira tópica (Inconsciente, Pré-consciente e Consciente). Lacan, ao contrário, considera que, em 1920, Freud escreve *Mais-além do princípio de prazer*, plataforma da segunda tópica, exatamente para chamar a atenção dos analistas para algo de que eles estavam se afastando cada vez mais: o inconsciente. Estruturado como uma linguagem, o inconsciente é retomado por Lacan como pulsação temporal de abertura e de fechamento.

A *repetição* se confunde com a transferência para os pós-freudianos. Desse modo, toda a importância dada por Freud à repetição no campo da clínica perde a possibilidade de ser destacada. De fato, os pós-freudianos, na medida mesma em que desconsideram o texto *Mais-além do princípio de prazer*, ficam com a concepção de repetição trazida por Freud no artigo técnico de 1914 "Recordar, repetir, elaborar". Nele, os exemplos fornecidos por Freud são, de fato, extraídos de situações transferenciais. De saída, Lacan diferencia dois tipos de repetição — *Tiquê* e *Automaton* — ligados, respectivamente, ao real e ao simbólico.

A *transferência*, em sua dimensão de engano amoroso, revela o tempo de fechamento do inconsciente. Lacan a define como "a atualização da realidade sexual do inconsciente" e introduz a categoria de Sujeito-suposto-Saber (SsS), verdadeiro pivô da transferência. Se há sujeito-suposto-saber há transferência. A lição em que Lacan introduz o SsS se abre com a seguinte afirmação: "O fim de meu ensino tem sido, e permanece, o de formar psicanalistas." Este conceito permite que se entenda a transferência em seu eixo central. Já as manifestações clínicas da transferência, nomeadas por Freud de transferência positiva (amor) e negativa (ódio), devem ser consideradas efeitos da suposição de saber no Outro. Justamente por isso Lacan disse que aqueles que não lhe imputam saber odeiam-no.

A *pulsão*, conceito único e complexo que sustenta a teoria freudiana da sexualidade, construída a partir dos *Três ensaios sobre a teoria da sexualidade* e desenvolvida ao longo de toda a sua obra, em uma espécie de *work in progress*, havia sido completamente apagada pela noção anti-psicanalítica de instinto, palavra com a qual os teóricos de língua inglesa traduziram o *Trieb* de Freud.

Lacan foi o primeiro psicanalista a chamar atenção para esse desvio grave, através do qual a concepção freudiana da sexualidade e do aparelho psíquico (construídos em torno da falta de objeto) perde sua legitimidade. Ele afirma de modo taxativo, em um de seus *Escritos*: "A pulsão, tal como é construída por Freud a partir da experiência do inconsciente, proíbe ao pensamento psicologizante esse recurso ao instinto com que ele mascara sua ignorância, através da suposição de uma moral na natureza."

O trabalho em torno dos quatro conceitos tem como eixo central aquilo que Lacan considera a sua invenção: o *objeto a*. Objeto causa do desejo e não objeto do desejo, o objeto *a* é um conceito que retoma as formulações freudianas em torno da natureza do objeto pulsional.

Freud, em 1915, no texto "As pulsões e suas vicissitudes", depois de definir o objeto como sendo o instrumento através do qual uma pulsão alcança sua finalidade, que é a satisfação, insiste em assinalar que ele é o "que há de mais variável", podendo ser "modificado quantas vezes for necessário no decorrer das vicissitudes" pulsionais. A parcialidade, como marca do objeto pulsional, faz com que Lacan afirme que o conceito de pulsão em Freud é marcado de ponta a ponta pela falta do objeto. O recurso para nomear esse objeto faltoso que tem como função acionar o desejo é recorrer à primeira letra do alfabeto: objeto *a*. Daí a famosa fórmula lacaniana sobre o desejo, em *O seminário 20: Mais ainda*: "Eu te peço — o quê? — que recuses — o quê? — o que te ofereço — por quê — porque não é isso — isso, vocês sabem o que é, é o objeto *a*."

R.S.I.: "O nó borromeano me caiu como um anel no dedo"

R.S.I., iniciais de real, simbólico, imaginário, é uma tripartição conceitual construída por Lacan. Ele a chama de "trindade infernal" e pondera que "o desejo do homem é o inferno precisamente no que é o inferno que lhe falta". O termo "inferninho", em voga há décadas para designar os lugares nos quais a juventude busca prazer, bem pode servir para ilustrá-lo...

Essa trindade é introduzida pela primeira vez em uma conferência, realizada em julho de 1953 na SFP e retomada no seminário de 1974-75, intitulado *R.S.I.* A sua construção não levou séculos e nem empregou milhares de homens como a de grandes catedrais. Um único homem, Lacan, inspirando-se nas ciências de seu tempo — a lingüística, a antropologia estrutural e a matemática —, revê a obra de Freud com uma nova lente e descobre implícitos nela três registros heterogêneos que constituem o aparelho psíquico: R.S.I. A nomeação desses registros não só fornece um enorme alcance às teses freudianas, mas também permite a compreensão e o enriquecimento dos conceitos.

Desde que uma jovem matemática lhe chamou atenção, em um jantar em Paris, para a existência de um tipo de nó nos brasões de uma família de Milão, Lacan não mais cessa de investigar a teoria dos nós. Por isso, ele diz: "O nó borromeano me caiu como um anel no dedo."

Em *R.S.I.*, Lacan afirma que a particularidade desse nó reside no fato de que "três é o seu mínimo". Se pegarmos, por exemplo, uma corda e fizermos um nó olímpico, teremos três círculos amarrados entre si. Basta pegar uma tesoura e cortar um deles, que os outros dois permanecerão unidos. Imaginemos a mesma coisa com o nó borromeano. Basta cortar um dos círculos para que os outros dois se soltem e todos os três fiquem separados. Do entrelaçamento entre real, simbólico e imaginário, feito pelo nó borromeano, advém o sintoma, definido no *R.S.I.* como efeito do simbólico no real. É o real, sob a forma de buraco, nomeado metaforicamente em seminários anteriores ao *R.S.I.* como o nada que antecede o aparecimento de toda a vida, que é recalcado (recalque original) para que haja a inscrição de um significante, dando origem ao sintoma do homem — S($\mathbb{A}$) — como ser falante. E o que foi recalcado para que o sintoma possa ter sido constituído retorna nele sob a forma de uma falta que não cessa de não se escrever.

Se o sintoma é constituído pelo nó borromeano, quem seria o agente deste nó? É o Nome-do-Pai. A função do Nome-do-Pai é fazer laço entre o simbólico, o imaginário e o real, para que se estabeleça uma interligação entre eles.

O nó borromeano é para Lacan uma construção, e, como tal, uma escrita que suporta um real, enquanto *ex-sistência*. O real está fora até o momento em que um corpo vivo é marcado pelo significante. A partir daí, o real se inscreve na estrutura como aquilo que faz buraco. É nesse sentido que podemos dizer que o real, apesar de resistir a qualquer simbolização e, justamente por isso, apagar todo o sentido, comparece no simbólico, sob a forma de falta de um significante — o significante do Outro sexo —, e no imaginário, como ausência de um saber sobre a espécie (furo real no imaginário). A única via de o real se inscrever na estrutura é através dos efeitos de sua própria impossibi-

32   Marco A. Coutinho Jorge e Nadiá P. Ferreira

lidade. O real é o que *ex-siste* assim como o simbólico é o que insiste e o imaginário é o que faz consistência.

Para Lacan, há três grandes segmentos na obra de Freud que podem ser incluídos nessas três instâncias. O simbólico corresponde às relações entre inconsciente e linguagem, demonstradas, principalmente, nos textos sobre os sonhos, os chistes e a psicopatologia da vida cotidiana, os quais são considerados por Lacan textos "canônicos em matéria de inconsciente". O imaginário compreende toda a abordagem freudiana sobre o narcisismo, introduzida desde 1911, inicialmente no *Caso Schreber,* depois em "Sobre o Narcisismo: uma introdução", e em "Luto e melancolia". O real está ligado àquele segmento voltado às questões da diferença sexual — abordadas desde *Três ensaios sobre a teoria da sexualidade,* "As pulsões e suas vicissitudes" e nos textos em que interroga o feminino e o que quer uma mulher — e aos problemas da repetição e da pulsão de morte — introduzidos em 1920, em *Mais-além do princípio de prazer* e retomados em inúmeros artigos, tais como "O problema econômico do masoquismo" e "O mal-estar na cultura".

Para abordar R.S.I., nada melhor que começar pelas negativas: o real não é a realidade, o imaginário não é a imaginação, o simbólico não é uma simbólica.

A realidade é constituída por uma trama simbólico-imaginária, feita portanto de palavras e de imagens, ao passo que o real é precisamente aquilo que não pode ser representado nem por palavras nem por imagens: ao real falta representação psíquica. É através dos impasses encontrados por Freud em suas abordagens sobre a realidade que Lacan constrói seu conceito de real. Nos dois breves, mas célebres artigos de 1924, dedicados à distinção entre neurose e psicose, Freud esbarra precisamente com essa questão: o que é afinal a realidade?

Sua resposta indica que não há uma realidade material, absoluta, comum a todos os sujeitos, mas sim uma *realidade psíquica* singular. Para a neurose, a fantasia é o que constitui a realidade, ou seja, a fantasia é o que vai operar como uma matriz psíquica a partir da qual o sujeito se relaciona com os semelhantes e com o mundo. Para a psicose, o delírio é uma estrutura de linguagem que tenta colmatar a falha, o hiato deixado em aberto pelo fracasso do recalque originário. O real é precisamente esse furo que se revela diretamente na psicose e indiretamente na neurose. Freud chega a indicá-lo tanto no texto que inaugura a psicanálise (*Interpretação dos sonhos*, de 1900), quando afirma que o umbigo do sonho é "o ponto onde ele [sonho] mergulha no desconhecido", quanto em seu derradeiro ensaio, o "Esboço de psicanálise" quando diz que "o real-objetivo permanecerá sempre não-discernível".

Os diferentes mecanismos antes mencionados se relacionam com as diferentes formas de existência do sujeito na linguagem e podemos agora abordá-los de forma simplificada.

O *recalque (Verdrängung)* originário se articula com o real sob a forma de furo no imaginário. Ou seja, no princípio não existia nada. Então no lugar desse nada primordial é colocada alguma coisa: o Nome-do-Pai sob a forma de não, ou seja, como Lei. O recalque originário instala dessa forma o mecanismo que possibilita o funcionamento do *recalque* neurótico: um *não* dado pelo eu à determinada representação intolerável, à determinada moção pulsional que pede satisfação. Se tomarmos em consideração o estádio do espelho, que será abordado mais adiante, trata-se de um *não* dado pela unidade do eu (imagem unificada do próprio corpo) ao corpo espedaçado e, conseqüentemente, à fragmentação pulsional.

A *renegação* ou *desmentido* (*Verleugnung*) é um mecanismo que se caracteriza pelo *sim* e pelo *não* simultâneos. Justamente por isso, a divisão (clivagem) incide de modo radical sobre o próprio eu do sujeito e não *entre* o eu e o sujeito, como no recalque. É preciso não confundir o mecanismo da renegação, que não é de modo algum apanágio da perversão e é encontrado universalmente, com a renegação do Nome-do-Pai, que é um dos traços da estrutura perversa.

A *foraclusão* (*Verwerfung*) psicótica é um *não radical* dado à Lei, Nome-do-Pai, de modo a não permitir a simbolização do real, sob a forma de furo. Dito de outro modo, o *não* do recalque originário é um *não* que tem um *sim* — a *Bejahung*, a *afirmação primordial* — que lhe é correlativo; já a foraclusão é um *não* que não tem um *sim* correlativo a ele. O *não* do recalque é secundário, ao passo que o *não* da foraclusão é primário. Freud se expressa em termos semelhantes a estes, quando afirma que a "fuga" na neurose é secundária e na psicose é primária, o que, aliás, constitui a sua gravidade.

A *denegação* (*Verneinung*) — abordada por Freud no célebre artigo de 1925, "A denegação", ao qual Lacan dedica longos comentários, convidando inclusive o filósofo Jean Hyppolite para abordá-lo em seu seminário — representa uma primeira fase do processo de desrecalcamento, uma *Aufhebung* (palavra da dialética de Hegel que significa simultaneamente *suprimir* e *manter*) do recalque, pois o sujeito consegue chegar a enunciar o desejo, mas apenas sob o preço de negá-lo. É nesse mesmo texto que Freud formula que a partícula negativa é uma espécie de marca registrada do recalque (como um *Made in Germany*, diz ele) e apenas por esse pequeno exemplo podemos ver como Freud atribuía importância à relação entre o inconsciente e a linguagem. O livro *Os chistes e sua relação com o inconsciente* — do qual Lacan diz que "nele tudo é substância, tudo é pérola" — é uma das obras em que (até mesmo no título) a relação entre inconsciente e linguagem é evidenciada.

Para finalizar, é bastante digno de nota que os três registros se definem tendo como referência o simbólico, cuja estrutura é a mesma da linguagem e cujo suporte é o Nome-do-Pai. O real é o que está fora do simbólico, sendo por isso mesmo definido como "o impossível de ser simbolizado". O imaginário é tudo o que diz respeito à imagem do corpo sem a mediação da palavra, reduzindo as relações humanas à especularidade, o que faz com que sejam anulados os limites e as diferenças entre o sujeito e o outro como semelhante. No imaginário reina a lei do transitivismo, onde o eu se torna sinônimo do outro. O caráter de univo-

36   Marco A. Coutinho Jorge e Nadiá P. Ferreira

cidade do imaginário elimina a ambigüidade, a polissemia e o equívoco, marcas indeléveis do simbólico.

As definições mais simples dos três registros e, ao mesmo tempo, capazes de reunir as concepções mais avançadas de Freud e de Lacan, devem ser elaboradas em relação com o sentido. O real é da ordem do *não-sentido* ou *não-senso* radical. Lacan dirá que ele é o sentido em branco, a ausência de sentido, ou até mesmo "o impensável". O simbólico é do campo do *duplo sentido*. Nele o equívoco e o mal-entendido formigam. O imaginário é o *sentido* unívoco. Tais definições permitem ver que imaginário e real são, propriamente, um o avesso do outro, enquanto que o simbólico é uma verdadeira tentativa de articulação entre o real e o imaginário.

Vejamos dois exemplos da potência articulatória de R.S.I., produzidos em momentos distintos do ensino de Lacan. No *Seminário 1*, Lacan situa a tripartição amor, ódio e ignorância em relação a R.S.I. O amor está situado na junção entre o simbólico e o imaginário. No amor, portanto, o real está elidido, o amor não admite a perda, a separação, "o amor é forte, é como a morte" e "as suas brasas, são brasas de fogo" que "as águas não poderiam apagar", não é o que afirma o *Cântico dos cânticos*? O ódio está na junção entre o real e o imaginário. Nele falta o simbólico, ou seja, falta a palavra em sua função de mediação. No ódio, o embate entre o sentido e o não-sentido é mortífero, nele os tratados são rompidos, os pactos rasgados, surge a guerra; a diferença se torna incompatível, já que o simbólico não pode assegurá-la. Ingressamos no regime de *ou um ou outro*. A ignorância está na junção entre o real e o simbólico. Nela o imaginário está elidido, inviabilizando a produção de sentido. Na ignorância, resta e insiste uma interrogação, como formula São João da Cruz, considerado por Lacan um dos escritores que nos legou o mais belo testemunho da experiência, na posição feminina, do gozo místico: "Entrei onde não sabia/ e assim fiquei não sabendo/ toda ciência transcendendo." É nesse lugar da ignorância, mas de uma ignorância douta, que Lacan situa o lugar do analista.

A tripartição clínica freudiana — inibição, sintoma e angústia — é igualmente tematizada por Lacan em relação com R.S.I. A inibição representa a invasão do imaginário no simbólico; o sintoma é a invasão do simbólico no real; e a angústia é a invasão do real no imaginário.

Vamos nos debruçar sobre cada um desses três registros, seguindo a ordem adotada por Lacan em seu ensino: o imaginário, o simbólico e o real.

O imaginário: "Eu é um outro"

Em 1954-55, Lacan dedica um seminário à questão do eu na teoria e na técnica da psicanálise, ressaltando que, do ponto de vista freudiano, o eu se caracteriza pela unidade, sendo definido como um sistema ideacional na primeira tópica e como um sistema de defesa e de resistência na segunda tópica.

O imaginário corresponde à nomeação do registro psíquico referente aos desenvolvimentos freudianos sobre o narcisismo e a libido. O narcisismo, introduzido por Freud em 1914, em concomitância ao estudo da psicose realizado a partir das *Memórias de um doente dos nervos*, de Daniel Paul Schreber, revela a importância da imagem corporal como fonte de investimentos libidinais, que se repartem com os investimentos dirigidos aos objetos sexuais. Freud, partindo do ponto de vista econômico (quantidade energética de libido), opõe a *libido do eu* à *libido do objeto*. A partir dessa dicotomia, ele mostra a possibilidade de um certo equilíbrio na distribuição de energia, fazendo com que o excesso de investimento no eu acarrete um empobrecimento do objeto e vice-versa. Em casos "patológicos" extremos, como o caso do sujeito apaixonado, temos um investimento libidinal excessivo no objeto. Na psicose ocorreria o contrário, ou seja um excesso de investimento no eu. Lacan retira desse texto de Freud uma importante conclusão, que jamais havia sido enunciada desse modo: *o eu é um objeto*. Tal conclusão implica em inúmeras conseqüências. Mas vamos acompanhar sua trajetória, desenvolvendo a dimensão do imaginário.

Em agosto de 1936, Lacan participa pela primeira vez de um congresso da IPA, em Marienbad, apresentando um trabalho intitulado "O estádio do espelho". A sua exposição é interrompida por Ernest Jones, após parcos dez minutos. O motivo alegado é "falta de tempo". Lacan abandona o congresso e vai assistir às Olimpíadas de Munique.

Essa primeira versão do estádio do espelho não foi enviada para publicação nos anais do Congresso, restando apenas as extensas notas tomadas por Françoise Dolto, que assistiu sua apresentação, na SPP, antes do congresso em Marienbad. Dessa versão, temos o testemunho de Lacan em dois trabalhos. Primeiro, em uma breve passagem de *Os complexos familiares na formação do indivíduo*, onde o estádio do espelho é associado ao declínio do desmame. Depois, em duas perguntas colocadas ao final de um artigo de 1936, "Para-além do 'princípio de realidade'": "Através das imagens, objetos do interesse, como se constitui essa *realidade* em que se concilia universalmente o conhecimento do homem? Através das identificações típicas do sujeito, como se constitui o eu, onde é que ele se reconhece?"

Mais de dez anos depois, em 17 de julho de 1949, Lacan retorna ao tema, apresentando-o em outro congresso, em Zurique. Essa nova versão, publicada em *Escritos*, é intitulada "O estádio do espelho como formador da função do eu". Este texto adquire uma significação cada vez maior à medida que o ensino de Lacan avança.

A construção do estádio do espelho parte dos estudos de Henri Wallon, em um artigo intitulado "Como se desenvolve na criança a noção de corpo próprio", publicado em uma revista de psicologia belga, em 1932. Darwin, prestando atenção ao comportamento de seu filho Doddy diante do espelho, manifesta interesse nas relações da criança com a imagem do seu corpo. A psicologia científica — Baldwin, Köhler, Bühler, Wallon — estuda esse comportamento com o intuito de evidenciar a diferença da inteligência dos humanos e dos primatas. Em uma minuciosa descrição comportamental, Wallon demonstra que o bebê, entre seis e dezoito meses, passa por várias etapas, através das quais chega a reconhecer, em determinado momento, a sua imagem no espelho. Este acontecimento é acompanhado por intenso júbilo. Essa alegria, causada pelo reconhecimento da própria imagem, é efeito de um processo de identificação. Ou seja: "a transformação produzida no sujeito quando ele assume uma imagem". Em uma fase que a criança é absolutamente dependente do outro, a prefiguração da imagem unificada do próprio corpo produz a ilusão de um domínio que, apesar de fictício, a deixa radiante. Essa imagem corporal é denominada de eu-ideal.

Ainda em relação à imagem unificada do corpo próprio, Lacan afirma que o regozijo indica também uma saída para a experiência dolorosa da imagem do corpo despedaçado. Uma passagem de Lacan merece ser citada: "Trata-se dessa representação narcísica que tentei expor no congresso internacional ao falar do 'estádio do espelho'. Essa representação explica a unidade do corpo humano; por que essa unidade deve se afirmar? Precisamente porque o homem sente da maneira mais penosa a ameaça desse despedaçamento. É nos seis primeiros meses de prematuração biológica que vem fixar-se a angústia." O corpo despedaçado é o corpo pulsional: um corpo sem imagens e sem sentido. Trata-se, portanto, de um corpo real. Sem dúvida, o estádio do espelho faz com que o bebê não se sinta mais aos pedaços, mas como Um.

O modo pelo qual o eu se constitui determina a sua função de desconhecimento. É nesse sentido que Lacan, retomando a teoria freudiana da segunda tópica, afirma que o eu é a sede das resistências e, como tal, agente do recalque e da denegação quando se realiza o retorno do recalcado.

Se para Wallon o estádio do espelho é uma fase ligada a uma dialética natural, para Lacan ele inaugura a matriz do ideal da estrutura do eu, cuja lei é o transitivismo: o eu é o outro. Ou dito de outro modo: nas relações especulares, os limites entre o corpo de um e o corpo do outro se desfazem. Sem demarcação, o impasse gera fusão e confusão, produzindo o que é próprio das relações imaginárias sem mediação simbólica: rivalidade, hostilidade, agressividade etc. Se no imaginário o outro é correlato do eu, logo não há nunca lugar para mais um. Lacan, em *O seminário 1: Os escritos técnicos de Freud,* afirma que a história da humanidade é permeada por guerras e atrocidades porque a agressividade faz parte da estrutura do eu.

Outro desdobramento da definição lacaniana do eu é que ele se constitui como objeto, tornando-se, assim, a sede de todas as identificações imaginárias. A quantidade de vezes que os adultos se olham no espelho revela a constante necessidade de reasseguramento da imagem. As academias de ginásticas, as cirurgias plásticas, os cosméticos, os tratamentos estéticos etc. nada mais são que utensílios a serem usados pela ditadura da moda para impor uma imagem de corpo belo e sadio. Sem dúvida, a indústria e a publicidade movimentam altas somas de dividendos explorando o narcisismo do homem.

É necessário marcar a distinção entre as três instâncias do eu: eu ideal, ideal do eu e supereu. O eu ideal — i(a) —

se constitui no estádio do espelho e tem como mecanismo a projeção. O ideal do eu — I(a) — antecede à formação do eu ideal, na medida em que comanda o jogo das relações do sujeito com o outro e tem como mecanismo a introjeção. O eu é também nomeado por Lacan de *moi* (mim). A forma oblíqua do pronome eu expressa a posição do sujeito como objeto em relação ao desejo do Outro. Se o eu ideal é o *outro como imagem* com valor cativante, o ideal do eu é o *outro como falante*. O eu ideal estabelece uma relação dual com o outro, assim como o ideal do eu estabelece uma relação triádica com o outro, porque inclui nela a palavra como mediação. Justamente por isso o ideal do eu é, ao mesmo tempo, o outro como semelhante e como diferente.

Às vezes, em alguns textos, Freud usa supereu e ideal do eu como sinônimos. Mas em *Psicologia de grupo e análise do eu* essa indistinção não ocorre. Nesse texto, onde Freud se dedica ao estudo das relações entre sujeito e objeto, através dos processos de identificação, fica bastante claro que as formações dos ideais são comandadas pelo ideal do eu que, aqui, se diferencia radicalmente do supereu. Lacan, tomando esse texto como ponto de partida, chama atenção de que, apesar do ideal do eu e do supereu se inscreverem no registro simbólico, isto é, na dimensão da palavra (linguagem) e terem como mecanismo a introjeção, eles não são idênticos. O ideal do eu é exaltante e glorificante. O supereu é coercitivo, imperativo e tirânico. O seu caráter sempre cego e insensato faz com que ele seja ao mesmo tempo a lei e sua destruição. Trata-se, portanto, de uma lei sem sentido que só se sustenta na linguagem. O modo pelo qual o supereu se relaciona com o Outro, coloca em cena o que Lacan chama de *Tu fundamental*: aquele que censura e que vigia o tempo todo. Enfim, estamos diante de um Tu que se apresenta tanto na ordem do imperativo quanto na do amor.

O alcance do estádio do espelho se revela quando o tomamos sob o ponto de vista do estudo da psicose. Com ele, podemos delimitar duas regiões bem distintas no campo da psicose. As vivências de despedaçamento corporal do esquizofrênico (fragmentação dos membros etc.) apontam para um corpo real, anterior ao estádio do espelho. Freud descobre a lógica do delírio paranóico no famoso *Caso Schreber*, publicado em 1911, com o título de *Notas psicanalíticas sobre um relato autobiográfico de um caso de paranóia*. Lacan, retomando as diferentes versões do delírio paranóico — delírios de perseguição, de erotomania, de ciúmes, de grandeza —, apresenta a prevalência do registro do olhar do outro em sua constituição imaginária: é o outro que me persegue, me ama, me trai etc. Enfim, na esquizofrenia não se constitui o eu como imagem unificada do corpo próprio e na paranóia essa imagem, apesar de constituída, não é dialetizada pela palavra do Outro, porque este sempre é reduzido ao outro como semelhante.

Contudo, essas duas regiões, esquizofrenia e paranóia, na estrutura da psicose, não são estanques e seus limites podem ser franqueados. Schreber, por exemplo, diagnosticado como um caso de paranóia, apresenta episódios esquizofrênicos, com medo de comer porque tinha pavor de engolir o próprio esôfago ao deglutir. Na paranóia, o delírio, com suas características de desvario bem construído e sistematizado, mostra o simbólico funcionando na psicose. Não é à-toa que Lacan se refere a Jean-Jacques Rousseau como um paranóico genial. Aqui e em Portugal, temos outro exemplo dessa estirpe: Padre Antônio Vieira. Sem dúvida esses escritores dominam sua língua materna e são verdadeiros artífices da linguagem. É lógico que esses autores são habitantes do Outro e, como tais, introjetaram sua estrutura, que é a mesma da linguagem. Mas esse lugar tem um suporte: o Nome-do-Pai. É exatamente este significante, que tem como função representar o Outro, sob a forma da lei, que falta. Justamente por isso Lacan fala que o que caracteriza a estrutura psicótica é a foraclusão do Nome-do-Pai, o significante que, como já vimos, enlaça borromeanamente os três registros da estrutura: real, simbólico e imaginário.

O simbólico: "O inconsciente é estruturado como uma linguagem"

Lacan parte da evidência de que a linguagem, a cadeia simbólica, determina o homem antes do nascimento e depois da morte. O bebê vem ao mundo humano marcado por um discurso, no qual se inscrevem a fantasia dos progenitores, a cultura, a classe social, a língua, a época etc. Enfim, podemos dizer que tudo isso constitui o campo do Outro, lugar onde se forma o sujeito. Por essa razão Lacan não só insiste na exterioridade do simbólico em relação ao homem, mas também na sua sujeição ao discurso.

Em 1953, Lacan redige um longo artigo intitulado "Função e campo da palavra e da linguagem em psicanálise" e o apresenta em Roma, em uma sessão paralela, no Congresso dos Psicanalistas de Língua Românica. Esse texto, conhecido como o primeiro Discurso de Roma, contém as diretrizes da importância que a linguagem adquire em sua elaboração do simbólico. Nele, Lacan já fala de "sintoma estruturado como uma linguagem", o que será mais tarde ampliado para "o inconsciente estruturado como uma linguagem". A psicanálise é aí descrita como uma experiência da *palavra plena*, que vem substituir a *palavra vazia* do discurso do neurótico.

Quatro anos mais tarde, Lacan complementa sua visão do Discurso de Roma, em "A instância da letra no inconsciente ou a razão desde Freud", onde formula as leis da metáfora e da metonímia. Esse texto dá origem ao seu quinto seminário: *As formações do inconsciente*.

A importância do estruturalismo no ensino de Lacan é inegável, embora não se possa considerá-lo estruturalista. O ensino do fundador da ciência da lingüística, o suíço Ferdinand de Saussure, e os estudos do antropólogo Claude Lévi-Strauss tiveram importância capital para a sua leitura dos textos freudianos.

Lacan desenvolveu a lógica do significante para construir uma teoria sobre a relação entre inconsciente e linguagem. O significante é a unidade mínima do simbólico e tem como característica o fato de jamais comparecer isolado, mas sempre articulado com outros significantes. O que produz o processo de significação é a articulação entre os significantes, constituindo, assim, uma cadeia. A menor cadeia significante é formada por um par. Ou seja: é preciso pelo menos dois significantes para que se realize a criação de sentido. Justamente por isso a definição de significante causa estranheza, na medida em que inclui o próprio termo: significante é o que representa um sujeito para outro significante. Lacan introduz uma pequena fórmula, através da qual surge o sujeito dividido entre dois significantes. Por isso ele é nomeado de sujeito barrado ($). Essa pequena fórmula é chamada de "relação fundamental de um significante com outro significante" e tem a seguinte escrita:

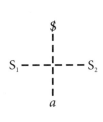

Embora o sujeito seja efeito de uma operação significante, ele só pode ser representado no intervalo de dois significantes (S₁, S₂). Logo há alguma coisa nele que escapa à sua representação. É preciso marcar que o conceito de sujeito não se confunde com o de indivíduo (do latim, *indiviso*) e se opõe à noção de unidade, remetendo sempre para uma constante divisão. Sujeito é o que está sempre deslizando em uma cadeia de significantes.

Lacan se refere ao fascinante conto de Edgar Allan Poe intitulado "A carta roubada", para demonstrar como o significante produz efeitos *à revelia do sujeito*. Ou seja: sem que o sujeito se dê conta, ele está sendo comandado pelo significante. Trata-se da história de uma carta, cuja mensagem, embora incógnita até o final do conto, "colocaria em risco a honra de uma personagem do mais nobre posto". Nos aposentos reais, a rainha está lendo a carta, quando é surpreendida pela chegada do rei, "de quem era seu especial desejo esconder a carta". Em seguida, aparece o Ministro D., que com seus "olhos de lince" capta imediatamente o que está acontecendo e surrupia a carta, na frente da Rainha, que não ousou reagir para não chamar a atenção do Rei. Assim a carta passa a lhe dar um poder que "tem sido usado, nos últimos meses, de modo muito perigoso, com propósitos políticos". A Rainha, então, contrata o Sr. G., o chefe da polícia parisiense, para reaver a carta. A equipe do Sr. G. entra em ação e tenta encontrar a carta na residência do chantagista sem êxito. Até que Auguste Dupin acha a carta na casa do Ministro. Ela estava ali, diante dos olhos de todos, dentro de um dos compartimentos do porta-cartões sobre a lareira, para que todos *não* a vissem... É bem verdade que o Ministro tinha trocado o envelope: o original tinha um lacre pequeno e vermelho, com as armas ducais da família S, o falso tinha um lacre grande e preto, com o monograma do próprio Ministro.

O conto serve como referência para Lacan ilustrar a primazia do regime do significante: todas as personagens, com exceção do Ministro e da Rainha — e talvez de Dupin — ignoram o significado da carta, mas mesmo assim, nenhuma delas escapa aos efeitos do deslocamento desse significante.

A teoria lacaniana do significante é uma retomada, radical e articulada a Freud, do ensino de Ferdinand de Saussure. Em seu *Curso de lingüística geral* — livro organizado por Sechehaye e Bally, que reuniram as suas anotações e de outros alunos que freqüentaram os cursos de Saussure — o signo é definido como produto da articulação de duas instâncias, o significante e o significado: "o signo lingüístico une não uma coisa e uma palavra, mas um conceito e uma imagem acústica". Saussure, ao não encontrar as leis que dariam conta da articulação entre essas duas instâncias, descobre a arbitrariedade como um dos princípios que rege o signo lingüístico: "a idéia de 'mar' não está ligada por relação alguma interna à seqüência de sons m-a-r que lhe serve de significante; poderia ser representada igualmente bem por outra seqüência, não importa qual; como prova, temos as diferenças entre as línguas e a própria existência de línguas diferentes." Saussure lança mão de uma metáfora surpreendente para definir a arbitrariedade do signo: a língua é uma "carta forçada". Assim, uma das funções da língua é "forçar" a ligação de uma imagem acústica (massa sonora constituída por fonemas) a uma imagem mental (significado).

Lacan, ao ler a teoria sobre o valor do signo verbal, tanto na versão de Sechehaye e Bally, quanto nas fontes manuscritas reunidas por Robert Godel, conclui que não há relação entre significante e significado. Apesar de Saussure (e também os lingüistas que o sucedem) não abandonar a correspondência biunívoca entre significante e significado, não há dúvida de que, ao abordar a questão do valor, ele não só privilegia o significante em detrimento do significado, mas também faz questão de diferenciar o significante da imagem acústica: o significante, "em sua essência, ... não é de modo algum fônico; é incorpóreo, constituído, não por sua substância material, mas unicamente pelas diferenças que separam sua imagem acústica de todas as outras".

Lacan parte exatamente daí e elabora uma teoria do significante que tem como ponto de partida o seguinte algoritmo: S/s. O próprio Lacan, em *Escritos*, indica a leitura que deve ser feita: "significante sobre significado, correspondendo o 'sobre' à barra que separa as duas etapas". Levar em conta esse traço dando-lhe valor de barra implica privilegiar a pura função do significante em detrimento da ordem do significado. A estrutura do significante se caracteriza pela *articulação* e pela introdução da *diferença* que funda os diferentes.

Freud já observa em seu livro sobre *Os chistes* que as palavras são materiais plásticos e sonoros com os quais se pode empreender uma série de procedimentos. Justamente por isso, muitas vezes as palavras perdem seus significados ligados ao código da língua, ganhando novas significações. Ele observa igualmente em *A psicopatologia da vida cotidiana* que o inconsciente não leva em conta "o significado ou os limites acústicos das sílabas".

A importância de Saussure sobre o ensino de Lacan não pode ser menosprezada, sobretudo quando se percebe o quanto Saussure esteve próximo do inconsciente ao estudar os anagramas. Ali, ele como que entreabriu a porta que dava para o inconsciente, mas, sem a experiência clínica da psicanálise, foi obrigado a fechá-la, assustado: os manuscritos de Saussure comprovam que ele abandona para sempre o estudo dos anagramas que lhe insinuam a trilha da relação entre inconsciente e linguagem.

Aprofundemos um pouco mais nossa abordagem sobre o registro do simbólico. Lacan, em uma conferência proferida em Baltimore em 1966, faz uma observação que nos leva a compreender melhor o seu aforismo "o inconsciente é estruturado como uma linguagem": falar de "estruturado como uma linguagem" é algo tautológico, pois estrutura e linguagem significam uma única e mesma coisa.

A estrutura, portanto, é a linguagem e esta corresponde ao que Lacan denomina de simbólico. Assim todos os textos freudianos sobre a linguagem, apresentados entre 1900 e 1905, são obras que Lacan considera "canônicas em matéria de inconsciente": *A interpretação dos sonhos, A psicopatologia da vida cotidiana* e *Os chistes e sua relação com o inconsciente*. Mas esses textos não são os únicos. Vamos encontrar a máxima "o inconsciente é estruturado como uma linguagem" no fetichismo, no caso da jovem homossexual, no estudo do sentido antitético das palavras primitivas, no ensaio sobre o estranho etc.

Para Lacan, linguagem e estrutura são sinônimos. Logo, dizer que o inconsciente é estruturado como uma linguagem é redundante. Isto fica evidente quando Lacan retoma a concepção freudiana da psicose: o delírio não é a psicose, mas sim a ação de "uma força estruturante", a tentativa de saída, de cura da psicose.

O Nome-do-Pai

Lacan retoma a teoria freudiana dos complexos de castração e de Édipo para articulá-la com a metáfora paterna, conceito que vem elaborando em seus seminários, com a finalidade de estabelecer as funções do pai no processo de simbolização. Para Lacan, a interdição do incesto é estrutural e não algo meramente histórico. Ele brinca dizendo que prefere chamar o complexo de Édipo de Nome-do-Pai, porque isso "não é tão complexo assim". Sem dúvida, a elaboração do Complexo de Édipo por Freud corresponde precisamente à construção da metáfora paterna e do Nome-do-Pai.

Esse processo de simbolização se realiza em três tempos: *frustração*, *castração* e *privação*. Cada um desses três tempos é marcado pela falta do objeto. Justamente por isso, os três tempos do complexo de Édipo correspondem também às três modalidades de falta da estrutura.

1º tempo: Frustração — ser ou não ser o falo. Esse tempo remete para as primeiras experiências do recém-nascido. A originalidade da abordagem de Lacan reside na introdução de um terceiro elemento na relação entre mãe e filho: o falo. É preciso que a criança ocupe o lugar de falo — isto é, o lugar de objeto do desejo da mãe — para ser introduzida no universo simbólico (campo do Outro) da Lei (Nome-do-Pai). Isto é o que Lacan nomeia de processo de humanização do ser falante, que tem como agente a mãe no registro simbólico (desejo-da-mãe).

Se não há o objeto do desejo, como um filho poderia ocupar o lugar de falo? Somente ao nível das fantasias ligadas ao desejo de ter um filho e àquele que seria o pai, que determinam o modo pelo qual o recém-nascido será recebido e cuidado pela mãe. É exatamente isto que Lacan designa de desejo-da-mãe, cuja função é a transmissão do Nome-do-Pai. Antes reinava o nada, o caos. Depois vem o Não, sob a forma de Lei, introduzindo a falta e inaugurando, ao mesmo tempo, o amor e o desejo. A substituição não é o mecanismo da metáfora? O nada é substituído pelo significante Nome-do-Pai, dando origem à primeira metáfora. Em francês, a palavra *nom*, nome, é absolutamente homofônica com a palavra *non*, não, e, de fato, o Nome-do-Pai é o Não do Pai.

Lacan, em *O seminário 4: A relação de objeto,* descreve a frustração como sendo o momento em que o seio, como objeto da necessidade, se desloca do real para o simbólico, adquirindo dessa forma valor de dom. A partir daí, não só a oferta e a recusa do seio se tornam sinônimos de amor e de desamor, mas também as satisfações da fome implicam a frustração da satisfação da boca.

A primeira experiência de amor, marcada pela fantasia de que se é o falo, estrutura, modela e organiza todos os conflitos a serem vividos nos próximos tempos.

2º tempo: Castração — ter ou não ter o falo. Se na frustração o jogo com o falo se passava ao nível simbólico, agora ele se realiza no nível imaginário. A passagem de um tempo para o outro é marcada pela introdução de um elemento na tríade criança, mãe e falo: o pai. O papel a ser exercido por esse pai é interditar a mãe. Essa função de proibição situa o pai no registro real, o que faz com que ele seja apreendido pela criança, ao nível imaginário, como uma figura terrível e tirânica. É nesse sentido que se deve compreender o pai real como agente da castração.

A originalidade da leitura feita por Lacan do complexo de castração freudiano reside na colocação de duas questões: o pai real como agente da castração e a função de mediação da palavra da mãe.

Em *O seminário 17: O avesso da psicanálise*, Lacan afirma que só há um pai real: o espermatozóide. E acrescenta: até segunda ordem, ninguém jamais pensou em dizer que é filho do espermatozóide. Poder-se-ia argumentar que as técnicas de fertilização *in vitro* deram origem à denominação, bastante divulgada pelos meios de comunicação, de "pai biológico". É preciso não esquecer que a paternidade para a psicanálise é uma função simbólica e não real. Nesse sentido, o pai real como agente da castração não tem nenhuma relação com o pai biológico. O pai real é um operador estrutural com a função de *colocar em cena o impossível sob a forma de proibição*. No nível do enunciado, a proibição vela o que está no cerne da enunciação: o real como impossível. Essa função de mascarar o impossível faz com que o pai real seja apreendido, no nível imaginário, como aquele que tem o falo. A onipotência, que a mãe tinha na frustração, se desloca para o pai na castração, fazendo com que ele seja apreendido no nível imaginário como uma figura ameaçadora. A função precisa do pai real como operador estrutural é confirmar, ratificar e reforçar a função simbólica do pai — Nome-do-Pai — inscrita na frustração.

Em *O seminário 5: As formações do inconsciente*, Lacan faz questão de frisar que a função do pai real só se realiza se for mediada pela *palavra da mãe*. É fundamental que a mãe reconheça que está submetida à Lei do pai. Não é preciso a presença do pai como personagem. Uma mãe viúva, por exemplo, pode perfeitamente exercer a função do pai real. Basta que ela diga e dê provas de que o objeto do seu desejo não é o filho, pois, por detrás dela existe uma mulher que não tem o falo e, justamente por isto, vai buscar em um homem, e não no filho, o que ela não tem.

3º tempo: Privação — ter ou não ter o dom. O agente da privação é o pai imaginário: aquele com que lidamos o tempo todo e com quem estabelecemos rivalidades. Trata-se, portanto, do pai idealizado, que se torna o pára-raio dos ciúmes, do amor e do ódio. A falta se inscreve no registro do real porque aponta para o impossível. O objeto se situa no nível do simbólico porque a privação se caracteriza pela conversão do falo imaginário em falo simbólico.

Se na castração o pai tinha o falo, trata-se agora do reconhecimento da castração do pai, o que implica a transformação do pai onipotente em pai potente: o pai não tem o falo, mas tem alguma coisa com valor de dom.

Toda privação real exige uma simbolização. Na castração, é preciso que a criança aceite a privação materna do falo. Se a mãe não tem o falo, logo quem tem o falo é o pai. Já na privação, trata-se do reconhecimento da castração do pai. Ou seja: o pai também não tem o falo. É preciso então a simbolização da castração paterna: o pai não tem o falo, mas tem alguma coisa com valor de dom. Lacan, em *O seminário 5: As formações do inconsciente*, define essa dádiva paterna como "título de propriedade virtual" com o qual o menino se identifica.

A privação corresponde ao que Freud denomina de saída ou solução do drama edipiano, momento em que se produz a escolha do sexo pela via da identificação. É nesse sentido que se deve entender a famosa expressão freudiana de declínio do Édipo: a identificação do filho com o pai. Ou seja, o menino tem o direito de ser homem. Quanto à tese freudiana sobre o desenlace do complexo de Édipo na menina, Lacan afirma que as mulheres sabem exatamente onde devem procurar as insígnias que dão direito ao título de virilidade.

Em síntese, é preciso renunciar ao que nunca se foi e ao que nunca se teve, mas que um dia se acreditou ser (frustração) e ter (castração) para que seja possível a simbolização do falo como objeto de dom (privação).

O real: "A relação sexual é impossível"

O aforismo lacaniano "não há a relação sexual" resume a obra de Freud. Esse aforismo, como outros de Lacan, tem um caráter contundente. Ele não significa que as pessoas não tenham relações sexuais, muito pelo contrário! Ele quer dizer que não há complementaridade entre os sexos e que não é possível decifrar o enigma da diferença sexual. Freud já havia esbarrado com o mistério que ronda o Outro-sexo, A̶ mulher, quando pergunta: "O que quer uma mulher?"

O aforismo lacaniano retoma o cerne dos desenvolvimentos freudianos da sexualidade, segundo os quais há uma falha de inscrição da diferença sexual no inconsciente: Lacan dirá "Não existe o Outro-sexo" e, desse modo, o sexo do outro é sempre Outro. Lacan retoma a questão da diferença sexual a partir de sua teoria do gozo: o *gozo fálico*, masculino, parcial, é o gozo cerceado, limitado pelo significante. As mulheres também participam desse gozo, que é universal para todo falante, mas não de forma integral. Há algo que escapa ao gozo fálico e que elas, as mulheres, experimentam e falam disso o tempo todo. Daí Lacan nomear várias modalidades de gozos fálicos e de gozos para além do falo.

Dentre os gozos fálicos, temos: o gozo na posição masculina, isto é, o gozo sexual como gozo do órgão, orgasmo; uma outra satisfação que se baseia na linguagem, tais como gozos da fala, da escrita e do sentido; gozo suplementar das mulheres ou gozo na posição feminina; gozo do sintoma; gozo pulsional ou gozo com o objeto *a*, o qual é um dos nomes do gozo sob a forma de mais-gozar: sado-masoquista, oral, anal, escopofílico e invocante.

Dentre os gozos para além do falo, chamados por Lacan de gozo do Outro, temos: gozo do Outro-sexo (gozo de A̶ Mulher); gozo no furo (gozo místico); gozo da beatitude (do ser da significância); gozo do Outro como saber. Sobretudo os místicos, como Santa Tereza d'Ávila e São João da Cruz, deixaram o testemunho escrito da experiência de um Outro gozo que se realiza no furo. Clarice Lispector também escreve sobre experiências gozantes que não estão circunscritas ao gozo fálico.

Para Lacan, a entrada na linguagem, campo do Outro, implica em uma perda de gozo, fazendo com que o corpo como substância gozante se transforme em um corpo mapeado por zonas erógenas. A partir daí, o ser humano só terá acesso ao gozo limitado pelo significante e pela fantasia inconsciente. Lacan irá falar de duas categorias diversas de sujeito: sujeito do gozo e sujeito do significante, o primeiro designando o sujeito da psicose, não barrado pelo significante Nome-do-Pai e o segundo oriundo da limitação instaurada por este. Na falta da castração simbólica e da instauração da fantasia, que é a aspiração (neurótica ou perversa) para resgatar a completude perdida, o psicótico delira.

Uma observação cotidiana ilustra bem o que seria essa perda de gozo: um menino de mais ou menos seis anos de idade, ao observar seu irmão mamando no peito da mãe, fala: "Mamãe, eu também quero mamar!" A mãe responde: "Mas você já mamou..." E ele exclama: "Mas eu não sabia!" O menino almeja retornar ao gozo que ele supõe que teve, agora, *sabendo*... Como se diria, *sabendo das coisas*... Essa fantasia parece ser a mesma que se revela no dito coloquial dos adultos: "Eu era feliz e não sabia!"

"É de meus analisandos que aprendo o que é a psicanálise"

Há no cerne do ensino de Lacan uma preocupação especial com a clínica e com a ética. Nesse sentido, em 1959-60, Lacan dedica um seminário à *ética da psicanálise*, noção que não encontramos em Freud. A ética da psicanálise está centrada no desejo e, por isso, está muito distante da preocupação em adaptar o homem aos ideais sociais. A ética da psicanálise não está centrada no Bem supremo da ética aristotélica, mas no *bem-dizer* o próprio sintoma: trazer o que é da ordem do sofrimento e da dor para o regime da palavra. Isto se chama simbolização e necessita de aprendizagem.

Lacan menciona "três ideais analíticos": amor, autenticidade e não-dependência. Ele considera espantoso o fato de que esses ideais tenham surgido na pena de analistas ligados à experiência da análise. O *ideal do amor* se baseia na noção problemática de amor genital; o *ideal da autenticidade* se fundamenta na idéia de que a análise é uma técnica de desmascaramento e o *ideal da não-dependência* se caracteriza pela aspiração ilusória à liberdade.

Elaborando a incidência própria de uma ética psicanalítica na clínica, Lacan insiste sistematicamente em tematizar o *lugar do analista* na direção do tratamento. A distinção entre pintura e escultura, feita por Leonardo da Vinci em *Tratado sobre a pintura*, é utilizada por Freud para ilustrar o modo de operar do psicanalista. A pintura opera *per via di porre*: pela pincelada na tela em branco a tinta cria uma imagem nova. A escultura produz *per via di levare*: o escultor "despoja do bloco de mármore ou de outra pedra qualquer o que excede à figura que está encerrada nele". O pintor é aquele que cria ao acrescentar algo à superfície vazia e o escultor é aquele que tem o poder de visualizar a forma que existe, escondida, na matéria bruta. Se Da Vinci considera a pintura uma arte superior à escultura, Freud compara a operação analítica com o trabalho do escultor: ao analista não cabe introduzir nada. Muito pelo contrário, o analista, com sua escuta, intervém apenas para retirar aquilo que oblitera, confunde e esfumaça o desejo do sujeito. É nessa mesma direção que Lacan afirma que seu ensino "introduz menos do que questiona".

Freud se refere ao analista como um espelho neutro: aquele que apenas reflete as emoções do paciente sem expressar os seus sentimentos e suas opiniões. A metáfora do espelho é rica, já que se trata de um objeto que, não tendo imagem de si mesmo, reproduz a imagem de qualquer objeto que se coloque na sua frente.

Durante algum tempo, Lacan fala em *intersubjetividade* no contexto da relação analítica. Posteriormente, ele se corrige e afirma que a intersubjetividade é, por si só, um obstáculo à transferência. Se o analisando coloca o analista no lugar de sujeito *suposto* saber, é claro que o analista não pode se situar nesse lugar para dirigir o tratamento, até porque ele não sabe — e nem poderia saber — de antemão o que está em jogo na subjetividade do analisando. A última concepção lacaniana sobre o lugar do analista na direção do tratamento é o de objeto e não o de sujeito. Por isso, na fórmula do discurso psicanalítico, quem ocupa o lugar de agente é o objeto *a*:

$$\frac{a}{S_2} \longrightarrow \frac{\$}{S_1}$$

De fato, na década de 1950, a maioria dos psicanalistas freudianos consideram a leitura da obra de Freud como secundária e a tratam como peça de museu a ser conservada. Lacan convoca à releitura dos textos freudianos, criticando esses psicanalistas que, tais como museólogos equivocados, ignoram o acervo que defendem. Este desconhecimento é concomitante ao crescimento da psicanálise nos EUA, onde a IPA se tornou poderosa, acabando por se transformar no centro da psicanálise mundial.

O próprio analista de Lacan, Rudolph Loewenstein, junto com Ernest Kris e Heinz Hartmann, faz parte do poderoso triunvirato que domina a IPA. Kris é formado em filosofia e descobre a psicanálise através de Marianne Rie, cujo pai, Oskar Rie, é amigo pessoal de Freud. Ele se casa com Marianne e emigra para a Inglaterra e depois para os Estados Unidos, dedicando boa parte de suas reflexões à arte. Hartmann, depois de viajar para Paris e se refugiar na Suíça, na casa de Raymond de Saussure, filho do criador da Lingüística, emigra com Loewenstein para Nova York, onde desenvolve uma teoria sobre o eu, *ego-psychology*, que se tornou muito difundida nos Estados Unidos. Em 1949, quando a psicanalista kleiniana Paula Heimann apresenta seu trabalho sobre a contratransferência no Congresso de Zurique, temos a vitória dos adeptos do eu, guiados pelas noções de resistência e contratransferência. Nesse trabalho, por exemplo, Heimann afirma que a situação analítica é uma relação entre duas pessoas. Ora, Lacan se opõe veementemente a essa concepção, já que, para ele, no tratamento analítico, entre o analista e o analisando se interpõe o Outro como lugar da palavra, isto é, do significante.

Esses psicanalistas consideram a relação analítica (analista/analisando) como uma relação inter-humana, privilegiando, portanto, o imaginário em detrimento do simbólico. Lacan, no *Seminário 1: Os escritos técnicos de Freud*, afirma inclusive que a experiência analítica se funda não em uma relação dual, mas em uma relação a três: analista, analisando e palavra. A prerrogativa do imaginário sobre o simbólico implica uma prática clínica que se sustenta no manejo de uma técnica denominada de contratransferência. Aqui, o que conta para o analista é o reconhecimento pelo analisando das intenções de seu discurso. Ora uma interpretação, que se baseia na significação intencional do discurso do analisando, só pode colocar em cena o eu do analista. Justamente por isto, Lacan, no *Seminário 1*, diz que interpretar, segundo essa teoria, implica que o analista se coloque em uma relação "de igual para igual", ou seja, estamos diante de uma interpretação "cujo fundamento e mecanismo não podem ser distinguidos em nada da projeção".

Para Lacan, a análise que se fundamenta na técnica da contratransferência utiliza um estilo "inquisitorial". Nela, o analista está sempre com um pé atrás, porque o analisando está sempre inventando artimanhas para resistir: "O que é que ele pode ainda inventar como defesa dessa vez?" Aqui, é lógico que o que comanda a análise é "a soma dos preconceitos do analista". Ou seja, o seu eu: aquilo que Freud, antes de 1920, define como um sistema ou massa ideacional, onde

62   Marco A. Coutinho Jorge e Nadiá P. Ferreira

as certezas e as crenças se organizam, estabelecendo algumas coordenadas e referências.

Em um dado momento Lacan se pergunta sobre a origem dessa corrente que se apóia em dois grandes baluartes: resistências por parte do eu do analisando e contratransferência por parte do eu do analista. Ele responde que a causa deve ser buscada na interpretação que foi dada à nova teoria freudiana de 1920 sobre o aparelho psíquico por alguns pós-freudianos, que ficou conhecida como segunda tópica. Loewenstein, Kris e Hartmann privilegiam a instância do eu em detrimento do Isso. Assim, em torno do eu eles elaboram uma série de conceitos que norteiam por muitos anos não só o manejo da técnica analítica, mas também a concepção de fim de análise, baseada na readaptação social do analisando. Lacan lamenta que essa teoria não só implica uma prática clínica que ele qualifica de "nefasta", mas também retira da cena analítica a descoberta freudiana do inconsciente.

Lacan inicia seu ensino insurgindo-se com veemência contra essas concepções. Quando se refere insistentemente ao *retorno a Freud*, quer marcar a necessidade de voltar aos fundamentos da teoria freudiana, tendo como guia as ciências de ponta de sua época: a lingüística, a antropologia estrutural, a lógica e a matemática. Retornar a Freud é retornar ao sentido de Freud. Para os psicanalistas norte-americanos, os fundamentos freudianos ficam bem distantes, agora trata-se do eu e de suas partes: a sadia e a doente. Então, o trabalho do analista reside em fazer uma aliança, dita terapêutica, do seu eu com a parte sadia do eu do paciente para curar a parte doente. Assim concebida, a análise se torna uma adaptação do analisando à realidade... do analista! E o êxito ou fracasso do tratamento passa a ser medido pela identificação do eu do analisando ao eu do analista. A análise passa desse modo a operar no âmbito do imaginário: eixo do eu ao eu. E o poder do analista fica tão desmedido que sua imagem se torna a direção da própria cura.

Para Lacan, o analista deve dar o braço ao sintoma do analisando. E não podemos esquecer que, desde Freud, o sintoma deve ser entendido como expressão máxima da divisão subjetiva, já que ele é resultante do conflito entre a pulsão e o eu. O sintoma expressa, ao mesmo tempo, a realização de uma fantasia inconsciente (a fantasia é a realização de uma pulsão) e a oposição do eu à satisfação dessa fantasia. Ao final do *Seminário 2: O eu na teoria de Freud e na técnica da psicanálise*, Lacan introduz o *Esquema* em Z para dar conta da função imaginária do eu e de sua articulação com o discurso do inconsciente, desenvolvendo algumas proposições: o inconsciente não resiste; as resistências estão situadas no eu e se passam na linha do eixo imaginário, onde se produzem as relações entre o eu e o outro (a-a'). Já o simbólico se passa na linha entre sujeito e Outro (S-A).

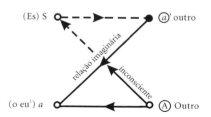

"A resistência é sempre do analista"

Levando em conta precisamente a terceira seção do texto *Mais além do princípio de prazer* que, na maioria das vezes, é expurgado pelos pós-freudianos, Lacan introduz uma nova concepção de prática analítica, bastante divergente da proposta por seus contemporâneos. Ele substitui a oposição *análise do material x análise da resistência*, entronizada pelos pós-freudianos, pela dicotomia *análise do discurso x análise do eu.*

Naquele texto, Freud pondera que *o inconsciente não resiste, mas, ao contrário, insiste.* A resistência provém do eu, ou seja, da mesma instância que agencia o recalque e, justamente por isso, resiste ao retorno do recalcado. Nesse sentido, a resistência é um efeito do recalque. Na concepção de direção do tratamento de Lacan, o desejo é valorizado ao extremo e seu surgimento na palavra é o que importa à escuta do analista. Ao afirmar que "a resistência é sempre do analista", Lacan não nega que haja resistência do lado do analisando — fato aliás incontestável — apenas sublinha que dar ouvidos à resistência é não apostar no retorno do recalcado. E isso sim é resistência ao inconsciente por parte do analista. Essa resistência sem dúvida é decisiva, produzindo efeitos funestos ao desenrolar de uma análise!

Se, por exemplo, o analisando chega atrasado, dizendo que quase não ia à sessão, porque estava sem vontade, ou reclamando que a análise não funciona ou então que o analista não o ajuda etc., o analista deve desprezar por princípio esse falatório, passível de ser atribuído à resistência, e se ater ao fato de que se o analisando *foi* à sessão, é porque tem algo a dizer. E, logo, interessado em ouvir, o analista exclama: "Estou escutando!". Trabalhar a resistência, como propunham os pós-freudianos, dando-lhe ênfase, resulta no fundo em hipertrofiá-la desnecessariamente. A resistência, nos adverte Lacan, é um engodo no qual o analista pode ou não cair! Mas, retomando o exemplo, se o analista diz ao seu analisando alguma coisa do tipo: "Temos que ver bem o que está acontecendo! Você está resistindo à sua análise!", o analista verdadeiramente caiu em um engodo que lhe fechará os ouvidos ao inconsciente.

Além disso, para Lacan, a resistência não é algo passível de ser objetivável, ela é efeito da própria análise, no sentido em que o trabalho analítico pressiona a produção do desrecalcamento. Não se pode esquecer que, para Freud, a associação livre, com a qual o analista incita o analisando a falar o que lhe vem a cabeça, tem como objetivo primordial produzir "derivados do recalcado". É em torno desses derivados que se constrói uma análise. É interessante observar o belíssimo historial clínico da jovem Elizabeth von R., primeiro relato de uma análise publicada por Freud em seus *Estudos sobre a histeria*. Nele, temos, de forma cabal, a demonstração de que Freud só consegue nomear a resistência como conceito psicanalítico quando ele mesmo cessa de resistir!

É exatamente por isso que Lacan rejeita a prática baseada na contratransferência, noção, aliás, raramente utilizada por Freud. Essa noção de contratransferência ilustra a verdadeira "armadilha" (Lacan) de uma análise fundamentada na resistência, na medida em que estamos diante de uma técnica que, quanto mais propicia a soma dos preconceitos do analista, mais ignora uma das funções da palavra: a revelação do inconsciente. A utilização da contratransferência na prática tem como conseqüência a objetificação do analisando e, por conseguinte, a desvalorização de sua fala como sujeito. A emoção suscitada no analista pelo seu analisando passa, espantosamente, a ser considerada a bússola da interpretação e, desse modo, a pessoa do analista, com seus sentimentos e visão de mundo, passa a reger todo o processo analítico.

Para Lacan, o analista não opera do lugar de sujeito afetado pelo analisando. O analista opera do lugar de objeto, que lhe é conferido pelo discurso do analisando, a partir de sua fantasia. Na verdade, o analista opera a partir de dois lugares distintos, mas em nenhum deles está em jogo sua pessoa. Ele opera pela *interpretação*, a partir do lugar do Outro e pelo *silêncio*, a partir do lugar de objeto causa do desejo, objeto *a*. Lacan situa a interpretação em duas vertentes distintas: enigma e citação, a primeira referida à verdade, a segunda referida ao saber do Outro. Nessa direção, Lacan introduz uma nova categoria: o *desejo do analista,* único desejo que não é sustentado pela fantasia do sujeito, mas pelo desejo de obter a pura diferença. Poderíamos utilizar a definição de Saint-John Perse sobre o poeta para qualificar o analista em sua prática: o poeta é aquele que preserva uma contínua aptidão para o espanto. É nesse sentido que podemos aproximar o ato analítico do ato poético.

"A interpretação já vem pronta do Outro"

A interpretação é uma *pontuação* do discurso do analisando. Nesse sentido, ela não é um acréscimo de sentido, como na análise de orientação kleiniana, onde o sentido é injetado aos borbotões. Ao contrário da concepção que às vezes se difunde da interpretação, a prática analítica opera uma redução de sentido. O analisando já está aprisionado ao sentido — às vezes de modo religioso — e não cabe ao analista acrescentar novos sentidos para essa sofisticada forma de prisão. Ao contrário, o analista deve libertar o analisando dos sentidos cristalizados, levando-o a criar novos sentidos, abrindo assim novas possibilidades de seu estar no mundo.

Vê-se, portanto, como a psicanálise opera na mesma região do discurso da religião, embora em direção oposta. A religião produz tanto sentido que chega inclusive a dar sentido ao que não tem nenhum sentido: a morte. Para a psicanálise, o confronto com a morte, ou seja, com o real, é sempre traumático, porque é inassimilável pelo aparelho psíquico. Toda religião tira de cena a morte para negar ou foracluir a castração. No caso do cristianismo, Lacan afirma que o real da morte é substituído pelo amor do pai, do filho e ao próximo. Em última instância, "a interpretação já vem pronta do Outro" e cabe ao analista acolhê-la. Mas para isso, é preciso que entre em cena o desejo do analista, a fim de que o discurso do analisando seja escutado a partir dos significantes e não dos significados. É na direção da construção do *lugar do analista* que Lacan empreende seu ensino. É a partir do lugar de *não-saber* que o analista opera, fazendo com que o discurso do Outro, o inconsciente do analisando, tenha a sua produção reconhecida e não denegada.

O psicanalista não introduz novos significantes, ele simplesmente recebe os significantes do discurso do analisando em sua singularidade, isto é: em sua radical potência enunciativa do desejo inconsciente. Para Lacan, o analista aprende a língua particular do analisando, nomeada pelo neologismo: *lalangue*, alíngua, ou lalíngua, na sonora tradução de Haroldo de Campos. É nesse sentido que se deve compreender o discurso como efeito da articulação entre alíngua e linguagem. O analista, ao interrogar as certezas do sujeito em análise, certezas que o fazem sofrer e que o aprisionam em alguns sentidos fixos, metáforas congeladas, possibilita a emergência da significação recalcada. É nesse sentido que o psicanalista ora introduz um ponto de interrogação, ora exclama com uma interjeição, ora coloca reticências ou um ponto final provisório. O sujeito deve ser tratado pelo analista como autor de um discurso mal pontuado e, justamente por isso, um discurso que requer pontuação a fim de que haja a revelação da enunciação do discurso. Portanto, o que interessa em uma análise é a enunciação e não o enunciado. Entende-se por enunciação tudo o que é dito sem a intenção de dizer e por enunciado tudo o que é dito para expressar a intencionalidade do eu (palavra vazia). É portanto nos tropeços da fala (palavra plena) que surge o sujeito do significante. Nesse sentido, para a psicanálise, o que interessa não é o discurso que liga o sujeito à significação, mas o discurso que marca a posição de um sujeito fundado e determinado pelo significante no campo do Outro.

A prática clínica de Lacan é congruente com sua leitura de Freud. Se o inconsciente é estruturado como linguagem, é nas palavras e apenas nelas que ele se revela. Em *O seminário 1*, Lacan faz questão de marcar que se trata de revelação e não manifestação do inconsciente. Por quê? Porque o inconsciente aparece sob o disfarce do sintoma, do ato falho, do sonho etc. Logo é preciso haver escuta de alguém que, por se colocar no lugar de analista, abre os seus ouvidos para os significantes e não para os significados.

É preciso também que aquele que escute desse lugar seja sustentado pelo desejo do analista. O psicanalista não está no encalço de uma verdade bombástica, como se fosse um detetive que procura alguma coisa escondida em profundezas obscuras. O psicanalista sabe que "o inconsciente é o que se diz". Embora essa afirmação seja de Lacan, podemos reconhecê-la em estado latente em todos os textos em que Freud ressalta o duplo sentido das palavras. Ambigüidade, anfibologia, significação antitética e fonte de equívoco são as marcas inequívocas da linguagem já descobertas por Freud e por Saussure. Coube a Lacan promover o encontro dos dois para dar seguimento às descobertas freudianas: o inconsciente, a sexualidade infantil e os enigmas indecifráveis que rondam a diferença entre os sexos.

Sem dúvida, é através do equívoco que o inconsciente se presentifica no discurso. A interpretação produz "ondas de sentido" e jamais um sentido unívoco. Ela aponta para uma região desconhecida, tal como o dedo erguido do *São João Batista* de Leonardo da Vinci indica para alguma coisa invisível ao espectador da tela. Se o sonho, para Freud, se caracteriza pelo fato de ser constituído predominantemente por imagens, Lacan esclarece que a imagem tem valor de significante e sublinha com insistência que *o sonho é o relato do sonho*, nada mais. Interpretar o sonho pela imagem, atribuindo-lhe sentido, isto é, valor sígnico, implica se afastar radicalmente do gume cortante da verdade freudiana do inconsciente.

Freud, na conferência XV, *Incertezas e críticas*, nos dá um exemplo, retirado dos relatos de Plutarco e de Artemidoro de Daldis: Alexandre, o Grande, quer tomar a cidade de Tiro, mas seus habitantes resistem bravamente. Então, ele sonha com um sátiro dançando. Aristandro, o interpretador de sonhos, divide a palavra *satyros* em dois blocos: "σα Τυρος [sa Turos] (tua é Tiro)". E diz para Alexandre que a mensagem do sonho é que ele irá triunfar. Em função dessa interpretação, Alexandre continua o cerco e finalmente captura a cidade de Tiro.

A oposição introduzida por Lacan no início de seu ensino entre *palavra plena* e *palavra vazia* encontra aqui seu relevo. Na maioria das vezes, a fala se apresenta como um "moinho de palavras", ou seja, o famoso blablablá. A análise visa resgatar a relação mais próxima possível entre a palavra e o desejo. É claro que há uma distância impossível de ser transposta entre os dois, mas esta é a direção que a análise propõe para cada sujeito: chegar o mais próximo possível do desejo.

Freud assinala que a palavra adquire importância quando se liga ao afeto. A neurose obsessiva é um labirinto de palavras desafetadas, onde o sujeito não só não se representa, mas também se esconde. A histeria é um corpo que fala e, justamente por isso, nele são gravados os significantes que, por estarem amordaçados, ficam expulsos da fala.

A proximidade do ato analítico com o ato poético, sublinhada por Lacan, reside no fato de que o poeta é aquele que, mesmo utilizando as palavras do *código*, produz uma *mensagem* que, do ponto de vista do código, não faz nenhum sentido. O poeta reinventa sentidos. Tal como Scherazade, diante do tirânico sultão Schariar (que bem poderia servir para indicar o real), o poeta invoca continuamente o poder das palavras para a criação de novos sentidos. Clarice Lispector diz, em *A paixão segundo G.H.*: "Eu tenho à medida que designo — e este é o esplendor de se ter uma linguagem. Mas eu tenho muito mais à medida que não consigo designar. A realidade é a matéria-prima, a linguagem é o modo como vou buscá-la — e como não acho. Mas é do buscar e não achar que nasce o que eu não conhecia, e que instantaneamente reconheço. A linguagem é o meu esforço humano. Por destino tenho que ir buscar e por destino volto com as mãos vazias. Mas — volto com o indizível. O indizível só me poderá ser dado através do fracasso de minha linguagem. Só quando falha a construção, é que obtenho o que ela não conseguiu." Será que nós analistas conseguiríamos dar uma melhor definição da relação entre simbólico e real? Entre a linguagem e o inefável? Entre o esforço para dizer — a que a análise convida — e o impossível de ser dito?

"Estou no trabalho do inconsciente"

Ainda dois pontos para finalizar. Em primeiro lugar, nada comentamos sobre a prática clínica de Lacan e sua utilização freqüente de sessões de curta duração. Pedimos aos leitores o maior cuidado com esse ponto, pois este é o aspecto pelo qual Lacan ficou mais conhecido e, aparentemente, é expulso da IPA. É também a via pela qual muitos analistas lacanianos contribuíram para a criação de uma forte resistência ao ensino de Lacan.

Como é comum na história do homem, a mimetização da prática de Lacan revelou uma profunda degradação dos princípios que norteiam a experiência clínica. Inicialmente, Lacan alterou a duração das sessões com os pacientes obsessivos, percebendo o quanto a manutenção burocrática de um horário reforçava a rigidez defensiva desses pacientes. Posteriormente, expandiu essa prática para todos os pacientes, estabelecendo uma relação fecunda entre a escansão da sessão e a emergência de algum elemento significante inconsciente, ou mesmo sua interrupção a partir da repetição rebarbativa.

Tratava-se, para ele, de fazer com que a palavra fosse levada a produzir um ato e não se limitasse ao contexto de uma falação infinita e inócua. Tratava-se de articular, na própria experiência analítica, o simbólico e o real. Um de nós escreveu um artigo no qual é feita uma severa crítica ao uso das sessões curtas de forma sistemática. O mimetismo da prática de Lacan nos últimos anos de vida pareceu repetir a adoção burocrática feita pelos analistas da IPA da prática

Lacan, o grande freudiano 73

de sessões de cinqüenta minutos, adotada por Freud, que, no entanto, chamara atenção para o fato de que cada analista deveria encontrar sua forma própria de trabalhar.

Muito mais do que essa grotesca imitação de um estilo perpetrada por alguns analistas em nome de um modismo ignóbil — quando o estilo deve ser construído por cada analista —, o que importa é, por exemplo, aquilo que o depoimento de uma analisanda de Lacan nos traz: "Ele tinha uma escuta fantástica, uma aproximação humana cheia de tato; sempre tive a impressão de que ele compreendia meu sofrimento e de que não zombava de mim."

Segundo ponto. Lacan abriu um de seus últimos seminários com a frase, que resume a sua história e seu percurso dentro da psicanálise: "Estou no trabalho do inconsciente." Freud se refere ao "estar no trabalho do inconsciente" de forma incisiva: "A discrição é incompatível com uma boa exposição de análise: é preciso não ter escrúpulos, expor-se, entregar-se, trair-se, comportar-se como um artista que compra tintas com o dinheiro do sustento da casa e queima os móveis para aquecer seu modelo. Sem qualquer dessas ações criminosas, nada se pode realizar corretamente."

Assim como Freud se refere à *elaboração* e ao *trabalho* do luto, Lacan afirma que, em seus seminários, fala na posição de analisando e não de analista. Assim como o analisando fala a partir de uma questão que o acossa, o aflige e o faz trabalhar, o psicanalista, em seu ato de ensino, põe à prova seu saber a partir da posição de analisando.

O analista, quando ensina, se depara com o que não sabe e achava que sabia, assim como com o que sabe e não sabia que sabia. É somente através da fala que o sujeito pode ter acesso à dimensão do inconsciente. O analista também está submetido a essa dimensão da fala, que é a dimensão da fenda *(Spaltung)*, destino inexorável de todo sujeito.

O ensino de Lacan empenhou-se em revalorizar esse território do sujeito conquistado pela primeira vez com a descoberta da psicanálise. Sua obstinação nessa tarefa não poderia ter sido maior, e no entanto Lacan não reivindicou para si nenhum mérito senão o de ter sido o único a dar prosseguimento à obra de Freud. Mas negou que tenha sido um feito seu o fato de seu nome ter se tornado um traço indelével na psicanálise: "Um deslocamento de forças se fez em torno desse nome; eu não contei em nada senão por tê-las deixado passar."

Cronologia

1901 Nascimento de Lacan em 13 de abril, em Paris.

1920 Convivência com os artistas surrealistas.

1931 Início da residência em psiquiatria no Hospital Sainte-Anne e começo do tratamento de Aimée.

1932 Defesa da tese de psiquiatria na Faculdade de Medicina de Paris: *Da psicose paranóica em suas relações com a personalidade*. Início da análise com Rudolph Loewenstein, que dura aproximadamente seis anos e meio.

1933 Publicação na revista surrealista *Le Minotaure*, n.1 (junho), do artigo "O problema do estilo e a concepção psiquiátrica das formas paranóicas da experiência"; e no n.3/4 (dezembro), do artigo "Motivos do crime paranóico: o crime das irmãs Papin".

1934 Em 29 de janeiro, o casamento com Marie-Louise Blondin, conhecida como Malu, com quem tem três filhos: Caroline, Thibaut e Sibylle. Em 20 de novembro, admissão como membro aderente da Sociedade Psicanalítica de Paris.

1936 Participação no seminário de Alexandre Kojève sobre a *Fenomenologia do espírito* de Hegel. Início de sua clínica particular. Encontro com Georges Bataille.

76   Marco A. Coutinho Jorge e Nadiá P. Ferreira

1937   Início do relacionamento com Sylvia Bataille.

1941   Mudança para a rue de Lille, número 5, onde mora
e pratica a psicanálise até sua morte. Nascimento
de Judith, filha de Lacan com Sylvia.

1950   Início do projeto de retorno aos textos freudianos,
realizando dois seminários em sua própria casa.

1953   Casamento com Sylvia Bataille, que estava divor-
ciada de Bataille desde 1946. Primeira cisão no
movimento psicanalítico da França, tendo como
líderes Sacha Nacht e Daniel Lagache. Criação da
Sociedade Francesa de Psicanálise por Lagache.
Principais membros da SFP: Lacan, Françoise Dolto, Juliette Favez-Boutonier, Didier Anzieu, Jean
Laplanche, Jean-Bertrand Pontalis, Serge Leclaire,
François Perrier, Octave Mannoni, Maud Mannoni
e Moustapha Safouan. Realização do primeiro congresso da SFP, em Roma, onde Lacan apresenta o
trabalho "Função e campo da fala e da linguagem
na psicanálise", que ficou conhecido como "Discurso de Roma". Realização dos seminários no anfiteatro do Hospital Sainte-Anne, onde permanece durante dez anos.

1963   Segunda cisão no movimento psicanalítico da
França: Lacan e Dolto são impedidos de exercer
suas funções de psicanalistas didatas pelo comitê
executivo da IPA. Essa proibição foi nomeada por
Lacan de excomunhão.

Lacan, o grande freudiano   77

1964 Dissolução da SFP. Em 21 de junho Lacan funda a Escola Freudiana de Paris. Em 19 de setembro, lança a proposição que estabelece o projeto de sua escola. Lacan muda o seu seminário para a sala Dussane, na Escola Normal Superior, na rue d' Ulm.

1965 Fundação por Lacan da coleção "Campo Freudiano" nas Éditions du Seuil.

1966 Publicação dos *Escritos*. Casamento da filha Judith Lacan com Jacques-Alain Miller. Lacan vai aos Estados Unidos para participar de um simpósio na universidade Johns Hopkins, em Baltimore.

1967 Em outubro, apresenta a proposição de um novo dispositivo, nomeado de passe, que visava a substituição da análise didática, adotada pela IPA.

1969 Aplicação do passe e terceira cisão no movimento psicanalítico da França. François Perrier, Piera Aulagnier e Jean-Paul Valabrega se demitem da EFP e fundam a Organização Psicanalítica de Língua Francesa, que ficou conhecida como Quarto Grupo. Fundação do departamento de psicanálise por Serge Leclaire, na Universidade de Paris VIII. Em março, Lacan recebe uma carta do diretor da ENS comunicando que, a partir do ano seguinte, a sala Dussane não estaria mais disponível para a realização do seu seminário. A partir de 26 de novembro, realiza seu seminário quinzenal (às quartas-feiras de meio-dia às duas horas) em um anfiteatro da faculdade de direito, em frente ao Pantheon, que passa a integrar as atividades da Escola Prática de Estudos Superiores.

1974   Inauguração do ensino do Campo Freudiano no departamento de psicanálise criado por Serge Leclaire. Jacques-Alain Miller é escolhido por Lacan para assumir a coordenação desse ensino.

1976   Retorno aos Estados Unidos para realizar uma série de conferências nas universidades da Costa Leste.

1980   Em 5 de janeiro, dissolução da EFP por Lacan. Em 13 de novembro, redige seu testamento, escolhendo Judith como herdeira universal e nomeando seu genro Jacques-Alain Miller o responsável legal por sua obra publicada e inédita.

1981   Falecimento em 9 de setembro, na Clínica Hartmann de Neuilly.

Referências e fontes

Além dos livros citados nas "Leituras recomendadas", amplamente consultados, utilizamos as seguintes obras de Jacques Lacan:

Os complexos familiares na formação do indivíduo (Rio de Janeiro, Zahar, 1987); "Conférences et entretiens dans des universités nord-américaines", in *Scilicet*, 6/7 (Paris, Seuil, 1976); *Da psicose paranóica em suas relações com a personalidade* (Rio de Janeiro, Forense Universitária, 1987); *Escritos* (Rio de Janeiro, Zahar, 1998); *Outros escritos* (Rio de Janeiro, Zahar, 2003); *O seminário, livro 1: Os escritos técnicos de Freud* (Rio de Janeiro, Zahar, 1979); *O seminário, livro 2: O eu na teoria de Freud e na técnica da psicanálise* (Rio de Janeiro, Zahar, 1985); *O seminário, livro 3: As psicoses* (Rio de Janeiro, Zahar, 1988); *O seminário, livro 4: A relação de objeto* (Rio de Janeiro, Zahar, 1995); *O seminário, livro 5: As formações do inconsciente* (Rio de Janeiro, Zahar, 1999); *O seminário, livro 7: A ética da psicanálise* (Rio de Janeiro, Zahar, 1991); *O seminário, livro 8: A transferência* (Rio de Janeiro, Zahar, 1992); *O seminário, livro 11: Os quatro conceitos fundamentais da psicanálise* (Rio de Janeiro, Zahar, 1979); *O seminário, livro 17: O avesso da psicanálise* (Rio de Janeiro, Zahar, 1992); *O seminário, livro 20: Mais, ainda* (Rio de Janeiro, Zahar, 1982); *O seminário, livro 22: R.S.I.*, inédi-

80   Marco A. Coutinho Jorge e Nadiá P. Ferreira

to; e "O simbólico, o imaginário e o real", conferência inédita, e *Televisão* (Rio de Janeiro, Zahar, 1993);

De outros autores:

AZEVEDO, Ana Vicentini de, *A metáfora paterna na psicanálise e na literatura* (Brasília, Edunb/Imprensa oficial, 2001).

BERTIN, Célia, A última Bonaparte (São Paulo, Paz e Terra, 1989).

CLÉRAMBAULT, Gaëtan Gatian de, *L'Érotomanie* (Paris, Les Empêcheurs de Penser en Rond, 1993).

DALÍ, Salvador, *Oui* (Paris, Denöel, 1971).

DA VINCI, Leonardo, *Os escritos de Leonardo da Vinci sobre a arte da pintura*, Eduardo Carreira (org.) (Brasília, Imprensa Oficial/UnB, 2000).

FREUD, Sigmund, *Obras psicológicas completas* (Buenos Aires, Amorrortu, 1996).

HEIMANN, Paula, "A propos du contre-transfert", in Paula Heimann et al., *Le contre-transfert* (Paris, Navarin, 1987).

LISPECTOR, Clarice, *A paixão segundo G.H.*, ed. crítica — Benedito Nunes (coord.) (Brasília, CNPq, 1988).

MAURANO, Denise, *Nau do desejo — o percurso da ética de Freud a Lacan* (Rio de Janeiro, Relume Dumará, 1999).

MIELI, Paola, *Sobre as manipulações irreversíveis do corpo* (Rio de Janeiro, Contracapa, 2002).

POE, Edgar Allan, "A carta roubada" in *Os assassinatos na rua Morgue* (São Paulo, Paz e Terra, 1996).

SÃO JOÃO DA CRUZ, *A poesia mística de San Juan de la Cruz* (São Paulo, Cultrix, 1984).

Leituras recomendadas

Sobre Lacan:

• Michel Arrivé, *Linguagem e psicanálise, lingüística e inconsciente — Freud, Saussure, Pichon, Lacan* (Rio de Janeiro, Zahar, 1999) e Nadiá Paulo Ferreira "Jacques Lacan: apropriação e subversão da lingüística", in *Ágora: estudos em teoria psicanalítca*, vol.5, n.1 (Rio de Janeiro, janeiro-junho, 2002). Ambos tratam da importância de Saussure para o ensino de Lacan.

• Laéria Fontenele, *A interpretação* (Rio de Janeiro, Zahar, 2002) e Christian Ingo Lenz Dunker, *Lacan e a clínica da interpretação* (São Paulo, Hacker/Cespuc, 1996). Ambos trazem importantes subsídios para a teoria da interpretação.

• Jeanne Granon-Lafont, *A topologia de Jacques Lacan* (Rio de Janeiro, Zahar, 1990). Obra introdutória à topologia lacaniana.

• Marco Antonio Coutinho Jorge, *Fundamentos da psicanálise de Freud a Lacan — vol.1: As bases conceituais* (Rio de Janeiro, Zahar, 6ª ed., 2011). Uma articulação entre a obra de Freud e o ensino de Lacan.

_____, "Discurso e liame social — uma introdução à teoria lacaniana dos quatro discursos", in Rinaldi, Doris e Jorge, Marco Antonio Coutinho (orgs.), *Saber, verdade e gozo — leituras do seminário 17 de Jacques Lacan* (Rio de Janeiro, Contracapa, 2002) e Nadiá Paulo Ferreira, *Amor, ódio e ignorância* (Rio de Janeiro, Contracapa/Faperj, 2005). O primeiro introduz a teoria lacaniana dos quatro discursos e o segundo a aplica na leitura de uma obra literária.

_____, "Usos e abusos do tempo lógico (o problema da duração das sessões em psicanálise depois de Lacan)", *Ágora*, vol.3, nº1 (Rio de Janeiro, Contracapa, 2000). Artigo que questiona o uso indiscriminado de sessões ditas "curtas".

• Bertrand Ogilvie, *Lacan — a formação do conceito de sujeito* (Rio de Janeiro, Zahar, 1988) e Dany-Robert Dufour, *Lacan e o espelho sofiânico de Boheme* (Rio de Janeiro, Companhia de Freud, 1999). Obras que retomam importantes fontes da teoria do estádio do espelho.

• Erik Porge, *Jacques Lacan — um psicanalista* (Brasília, Ed. UnB, 2005, no prelo). Ampla e didática introdução ao ensino de Lacan.

• Antonio Quinet, *Teoria e clínica da psicose* (Rio de Janeiro, Forense Universitária, 1997); Sonia Alberti (org.), *Autismo e esquizofrenia na clínica da esquize* (Rio de Janeiro, Rios Ambiciosos, 1999) e Juan-David Nasio (org.), *Os grandes casos de psicose* (Rio de Janeiro, Zahar, 2001). Obras que trazem as contribuições de Lacan à clínica da psicose.

Lacan, o grande freudiano

- Pierre Rey, *Uma temporada com Lacan* (Rio de Janeiro, Rocco, 1990). Um belo e intensamente poético relato de análise com Lacan.

- Elisabeth Roudinesco, *Jacques Lacan — esboço de uma vida, história de um sistema de pensamento* (São Paulo, Cia. das Letras, 1994). Única biografia existente de Lacan, que contém riquíssimo material de pesquisa.

_____, *História da psicanálise na França*, 2 vols., (Rio de Janeiro, Zahar, 1988 e 1989). Saborosa leitura complementar à biografia de Lacan.

- Moustapha Safouan, *Jacques Lacan e a questão da formação dos analistas* (Porto Alegre, Artes Médicas, 1985); Marco Antonio Coutinho Jorge (org.), *Lacan e a formação do psicanalista* (Rio de Janeiro, Contracapa, 2006) e Alain Didier-Weill, *Os três tempos da lei* (Rio de Janeiro, Zahar, 1998) e *Lacan e a clínica psicanalítica* (Rio de Janeiro, Contracapa, 1998). Obras que tratam da formação do psicanalista, amplamente renovada pelo ensino de Lacan.

Sobre os autores

Os autores participaram ativamente da primeira instituição psicanalítica brasileira de orientação lacaniana criada em 1975. Escreveram juntos o volume *Freud — criador da psicanálise.* Ambos são membros do Corpo Freudiano do Rio de Janeiro — Escola de Psicanálise. Eles agradecem a Ana Vicentini de Azevedo, Denise Maurano e Laéria Fontenele a leitura dos originais e os pertinentes comentários.

Marco Antonio Coutinho Jorge é psiquiatra, psicanalista e professor adjunto do Instituto de Psicologia da Uerj. Diretor das coleções Psicanálise Passo-a-Passo e Transmissão da Psicanálise, tem vários artigos publicados em periódicos e coletâneas nacionais e internacionais. É autor de *Sexo e discurso em Freud e Lacan* (Rio de Janeiro, Zahar, 2ª ed., 1997), *Fundamentos da psicanálise de Freud a Lacan — vol.1: As bases conceituais* (Rio de Janeiro, Zahar, 6ª ed., 2011), organizador de *Lacan e a formação do psicanalista* (Rio de Janeiro, Contra Capa, 2006), co-organizador de *Saber, verdade e gozo — leituras de O seminário, livro 17, de Jacques Lacan* (Rio de Janeiro, Rios Ambiciosos, 2002). É também membro-correspondente da Association Insistance (Paris/Bruxelles).

> e-mail: macjorge@corpofreudiano.com.br
> www.macjorge.pro.br

Nadiá Paulo Ferreira é psicanalista, professora titular de literatura portuguesa e colaboradora do Programa de Pós-Graduação em Psicanálise da Uerj. Participou da primeira instituição psicanalítica brasileira de orientação lacaniana, o Colégio Freudiano do Rio de Janeiro, criado em 1975. Foi também editora de *O Marrare: Revista da Pós-Graduação em Literatura Portuguesa* (Uerj), desde sua fundação, em 2001, até 2012. Para a coleção Passo-a-Passo da Zahar escreveu *Freud: criador da psicanálise* (2002) em colaboração com Marco Antonio Coutinho Jorge; *Histeria: o caso Dora* (2014) em colaboração com Marcus Alexandre Motta; e *A teoria do amor* (Zahar, 2003). Além de artigos publicados em periódicos e coletâneas nacionais e internacionais, é autora de *Amor, ódio & ignorância* (Faperj/Contra Capa, 2005); *Malditos, obscenos e trágicos* (EdUerj, 2013), entre outros livros. É membro do Corpo Freudiano Escola de Psicanálise Seção Rio de Janeiro e da Association Insistance (Paris), vinculadas à Convergencia/Movimento Lacaniano para a Psicanálise Freudiana.

e-mail: nadia@corpofreudiano.com.br

Psicanálise **PASSO-A-PASSO**

- **O adolescente e o outro**
  Sonia Alberti

- **Mito e psicanálise**
  Ana Vicentini de Azevedo

- **Sonhos**
  Ana Costa

- **Édipo**
- **Psicanálise com crianças**
  Teresinha Costa

- **Freud: criador da psicanálise**
- **Lacan, o grande freudiano**
  Marco Antonio Coutinho Jorge
  e Nadiá Paulo Ferreira

- **A sublimação**
  Orlando Cruxên

- **Freud e a religião**
  Sérgio Nazar David

- **O conceito de sujeito**
  Luciano Elia

- **A teoria do amor**
  Nadiá Paulo Ferreira

- **Histeria: o caso Dora**
  Nadiá Paulo Ferreira e
  Marcus Alexandre Motta

- **A interpretação**
  Laéria Fontenele

- **Freud e a cultura**
  Betty Fuks

- **Política e psicanálise**
  Ricardo Goldenberg

- **A psicose**
  Andréa M.C. Guerra

- **Angústia**
  Sonia Leite

- **Linguagem e psicanálise**
  Leila Longo

- **Para que serve a psicanálise?**
- **A transferência**
  Denise Maurano

- **Depressão e melancolia**
  Urania Tourinho Peres

- **Feminino/masculino**
  Maria Cristina Poli

- **Os outros em Lacan**
  Antonio Quinet

- **A neurose obsessiva**
  Maria Anita Carneiro Ribeiro

- **Cinema, imagem e psicanálise**
  Tania Rivera

- **Trauma**
  Ana Maria Rudge

- **A paixão**
  Marcus André Vieira

- **Educação e psicanálise**
  Rinaldo Voltolini